家具应该这样卖

李广伟◎著

北京大学出版社

图书在版编目（CIP）数据

家具应该这样卖/李广伟著. —北京：北京大学出版社，2011.4

ISBN 978-7-301-18427-1

Ⅰ.家… Ⅱ.李… Ⅲ.家具—销售—基本知识 Ⅳ.F724.785

中国版本图书馆 CIP 数据核字（2011）第 007515 号

书　　　名：	家具应该这样卖
著作责任者：	李广伟　著
责 任 编 辑：	兰慧
标 准 书 号：	ISBN 978-7-301-18427-1/F·2710
出 版 发 行：	北京大学出版社
地　　　址：	北京市海淀区成府路 205 号　100871
网　　　址：	http://www.pup.cn
电　　　话：	邮购部 62752015　　发行部 62750672
	编辑部 82893506　　出版部 62754962
电 子 邮 箱：	tbcbooks@vip.163.com
印　刷　者：	北京嘉业印刷厂
经　销　者：	新华书店
	787 毫米×1092 毫米　16 开本　11.5 印张　151 千字
	2011 年 4 月第 1 版第 1 次印刷
定　　　价：	29.00 元

未经许可，不得以任何方式复制或抄袭本书之部分或全部内容。
版权所有，侵权必究
举报电话：010-62752024　电子邮箱：fd@pup.pku.edu.cn

序 Preface

导购为王，决胜终端

消费者与导购员的关系分析

为什么说导购为王？

为什么要极度重视培训导购员的专业销售技能？

导购员与产品、品牌、业绩增长关系有多大？

花在导购员身上的培训费值得吗？

当我们分析消费群体与导购员的关系后，我们才会知道，在今天和未来的终端竞争中，导购员占据着"王者之席"。

市场消费群体如果以对导购员的依赖性来划分，大概可以分为以下三个类型：

第一类，自主型。所谓自主型消费群是指这类顾客具有相当的经验，或喜欢独断专行，一般情况下他们不受导购员的影响。

第二类，半依赖型。所谓半依赖型消费群是指这类顾客虽然也有一定的知识和经验，但面对日新月异的新产品、新知识，他们在一定程度上也需要依赖导购员的专业指导来实现自己的购买目标。

第三类，全依赖型。所谓全依赖型消费群是指这类顾客对所购买的商品缺乏基本常识，对他们而言，这些商品是一个全新的、陌生的领域。他们非常倚重导购员的专业推介，导购员对于他们而言就像是一根"盲人手杖"，没有这根手杖他们就会碰壁。

基于上面的分析，我们可以清晰地看到，在市场消费群体中，大概有60%或70%以上的顾客在选购商品的过程中，会受到导购员的影响而做出购买的决策。

换言之，在商品极度丰富、越来越趋于同质同款的市场里，要有效地影响顾客的选购意向，使自己的商品在竞争中脱颖而出，商家就必须拥有专业的导购员，因为专业的导购员才是商品竞争中最有力的制胜要素。

不要让美女的眼睛无神

我们有着极大的勇气投入到硝烟弥漫的商品战场上去。我们有多少企业从第一笔数万元的投资开始，到最后获得了千万元，甚至上亿元的收益；有多少企业是从穷乡僻壤的山沟原野走向了繁华喧闹的大都市；又有多少企业从生产产品转变为经营商品，从经营商品转变为经营品牌，从简单地卖说明书转变为卖企业、卖品牌、卖文化和卖自己的哲学思想……现代营销的一个思路就是在保证产品品质的基础上，把产品、门店和展柜打扮得就像盛装的美少女一般动人，最终是为了吸引顾客，聚集顾客的目光。

很多商家在门店布置上面的确做得不错，这些亭亭玉立在车水马龙的繁华街道边和广场中的"品牌美女"，大多都会让人眼前一亮。但当你走到近前看这些美人，却只看到她们华丽的妆容，而没有勾魂摄魄的眼睛，这是美人吗？对于门店来说，这双眼睛是什么呢？唯一的答案就是导购员！

我们自己去看一看吧！看看代表自己品牌的"美女"的那双眼睛，动人吗？勾魂吗？告诉顾客本品牌的一切了吗？如果没有，那就要为她的眼睛滴滴眼药水，做做保健操……

中国有句古语说得好：画龙要点睛。

人无睛为盲人，有睛无神为呆子。试观察一下，我们辛辛苦苦培养出来的导购员一不小心就成了个"呆子"，每天傻傻地坐卧在路边，让往来的行人笑话，岂不是赔了夫人又折兵……

因此，不要让代表我们颜面的"美女"的眼睛无神了！

不要输在最后的一枚棋子上

系统可靠性理论告诉我们：一个系统的成功率取决于构成这个系统的每一个环节的可靠性，也就是说，每一子系统做得好坏都直接影响到大系统能否成功。

同样，一个品牌成功的可能性，也取决于它在营销中的各个环节的可靠性。

为了构建自己的品牌，每个企业都付出了很多。从产品到渠道，再到终端，在这之间的每一个可见的环节上，企业都投入了重金和心血。但在这些环节中，尤其在终端，我们常常会忽视或者即使注意到了导购员在销售过程中存在着一些问题，却不知如何下手去解决。

导购员可以说是市场营销链条中的最后一个环节，企业要想在市场这个棋盘上赢棋，必须下好这枚最关键的棋子。如果这枚棋子没有下好，就会导致企业前功尽弃。比如，顾客冲着我们的广告、门店的装饰和产品的陈列进门了，但如果导购员没有发挥出自己个性化的影响力，没有通过自身的专业素质和个人修养来有效地吸引与影响顾客，促成交易，那么这些生意之所以失败，完全可以说是因为导购员的能力不足。

失去一位顾客也就同时失去了由这位顾客引发的一切相关的生意机会。由此可见，企业一定要做足全套的功夫，千万不要让生意输在导购员这一枚最后的营销棋子上。

关于本书的结构和学习

本书共分为四大部分：素质篇、观念篇、技巧篇、顾客篇。

本书始终贯彻的宗旨是简明、实用，让读者轻松愉快地阅读。

通过本书的学习，导购员不只要掌握其中所讲的销售技巧，更要注意个人素质的提高、注意销售观念的完善和提升。我们无法想象一种良好的销售行为可以通过简单的模仿而获得；相反，个人的素质、观念和心态是一只无形的手，掌控着我们的一言一行。

要注意销售技巧背后的法则。事实上没有一个案例或技巧可以涵盖所有的现实问题。我们只有掌握了解决问题的原理或法则，才可以做到随机应变。

要注意对顾客购买心理的了解和掌控。我们面对的销售对象是一个个非常复杂和矛盾的个体，他们的头脑中有一套特定的思考模式。如果我们不了解顾客的心理，就难以引导他们购买产品，甚至有可能因此而失去顾客的认同。

……

预祝您通过学习，掌握销售的技巧，把您的家具卖得更多、更快、更好，让您更有成就感。记住：您是一位与众不同的人。

序：导购为王，决胜终端／Ⅰ

Part 1 训练宝盒一 素质篇 >>>

点石成金：渔夫与哲学家的故事／3

法宝一：我要成为行业的顶尖／4

法宝二：推销之单车理论／7

法宝三：导购员的成功要素分析／13

法宝四：杰出导购员的成功因素／16

法宝五：杰出导购员的三种心态／21

法宝六：销售的探戈——服务／25

Part 2 训练宝盒二 观念篇 >>>

点石成金：爷爷，为什么只要小鱼不要大鱼／37

法宝一：变换看顾客的角度／38

法宝二：不仅仅是卖家具还要卖价值／39

法宝三：不要等待而要主动出击／41

法宝四：将顾客的消费观念转变为投资观念／44

法宝五：将推销观念转变为服务观念／45

法宝六：将推销转变为"体验式销售"／49

法宝七：将推销转变为"顾问式销售"／51

法宝八：将刻板的工作态度转变为热情友善的态度／53

法宝九：将顾客的拒绝视为成交的契机 / 55

法宝十：将顾客抱怨的话作为工作的动力 / 55

Part 3 训练宝盒三 技巧篇

点石成金：种植的故事 / 61

第一步：寒暄（接待及接近顾客的技巧）/ 63

  接待礼仪及注意事项 / 65

  情景训练一：当顾客进入店内时 / 78

  情景训练二：当顾客自己在选购时 / 80

第二步：了解背景（顾客的需求、要求及问题）/ 82

  哪种销售方式更好 / 83

  销售中的望、闻、问、切 / 84

  家具销售"发问三关" / 86

  情景训练：在顾客选购过程中的发问技巧 / 94

第三步：产品介绍（介绍产品卖点的各种技巧）/ 98

  卖价值而不仅仅是卖家具 / 99

  卖品牌而不仅仅是卖家具 / 101

  情景训练一：产品示范，让顾客与产品沟通 / 103

  情景训练二：向顾客推介产品的某些特性时 / 104

  情景训练三：向顾客强化产品的功能效果时 / 110

  情景训练四：当顾客对推销抗拒时 / 113

  情景训练五：当顾客避重就轻时 / 116

第四步：处理异议（解决顾客的疑难问题）/ 117

  异议是一道鬼门关 / 117

  处理异议时的注意事项和应对技巧 / 123

  情景训练一：当顾客不表达意见时 / 126

  情景训练二：当顾客表示要再考虑考虑时 / 127

  情景训练三：当顾客无购买欲望时 / 127

情景训练四：当顾客认为价格高时 / 128

第五步：促成交易（销售完成的技巧） / 129

成功射门的技巧 / 130

情景训练一：当顾客要折扣时 / 134

情景训练二：当顾客犹豫不决时 / 135

情景训练三：当顾客与别的品牌比较时 / 138

情景训练四：当顾客购买产品后 / 140

情景训练五：当顾客随便走一走就要离开时 / 141

Part 4 训练宝盒四 顾客篇

点石成金：从"骂不走"到"请不来" / 145

法宝一：顾客购买行为分类 / 146

法宝二：顾客购买决策过程分析与销售控制 / 156

法宝三：顾客购买过程中的七个心理阶段 / 160

法宝四：顾客购买的心理支点——比较法则 / 167

法宝五：如何营造冲动性购买氛围 / 169

法宝六：购买动机与购买行为分析 / 170

Part ① 训练宝盒一

素质篇

点石成金：渔夫与哲学家的故事
法宝一：我要成为行业的顶尖
法宝二：推销之单车理论
法宝三：导购员的成功要素分析
法宝四：杰出导购员的成功因素
法宝五：杰出导购员的三种心态
法宝六：销售的探戈——服务

点石成金：渔夫与哲学家的故事

记得小时候听父亲讲过一个"渔夫与哲学家"的故事，这个故事不但影响了我对销售工作的态度，而且影响了我对人生的看法。

故事是说一位哲学家与一位渔夫同坐一条船渡河。

哲学家问渔夫："你懂不懂哲学？"

渔夫说："不懂。"

哲学家说："那太可惜了，你失去了一半的生命。"

哲学家接着又问："那你懂不懂数学？"

渔夫回答说："不懂。"

哲学家说："那你又失去了三分之一的生命。"

突然一个浪头打过来，哲学家与渔夫都掉到了河里。这时渔夫问哲学家："你懂不懂游泳？"

哲学家说："不懂。"

渔夫说："那就更可惜了，因为你马上就要失去全部生命。"

这个故事在小时候听时，只感到一种幽默。做销售工作后回想起来又体会到一番新的意义。它告诉我们，只懂夸夸其谈而不出业绩的导购员就像故事中的哲学家一样，在市场的风浪中不经意间就会遭受灭顶之灾。后来我为自己确立了原则：做销售工作，一定要掌握应对现实的求生本领，也就是说必须要具有获得业绩的销售能力。

这个故事给你带来的启示是什么？

……

销售就是导购员向顾客介绍商品所能提供的利益，以满足顾客特定需求的过程。销售是一项很具挑战性的工作，而家具终端的销售则要靠导购员。成为一名家具导购员比较容易，而成为一名优秀的导购员却没有那么简单。

身处竞争激烈、颇具挑战性的销售行业，导购员应该具备什么样的素质才能摆脱平庸呢？进一步说，导购员应该具备什么样的素质才能使自己从同行中脱颖而出呢？下面就以几个"法宝"，来谈谈导购员应该具备的素质。

法宝一：我要成为行业的顶尖

销售就像攀登山峰，想一步到达顶峰是不现实的。如果我们将销售这一攀登山峰的过程分成几个阶段来努力的话，由于最终目标和阶段目标都很明确，就很容易使我们既志存高远，又能脚踏实地工作下去。结果我们就会越干越有劲，越干越有乐趣，越干越有成就感，越干越喜欢销售这一智慧与财富的游戏。

在我的眼中，导购员的成长可以分为四个阶段：

第一是"百日筑基"阶段，即导购员学习如何卖口才。导购员要想获得更好的业绩，必须刻意去训练自己的语言表达能力。

中国有句古话说得好："工欲善其事，先必利其器。"器者，工具也。口才与表达能力就是导购员的工具。但它们并不是与生俱来的，而是需要经过后天的训练。说话时语调的抑扬顿挫、轻重缓急、起伏跌宕；态度的认真诚恳；表情的完美配合与肢体语言的适当表达，这些较为专业的表达要素都需要经过严格的训练才能获得。而具有专业的表达能力，会使导购员在面对顾客时充满非凡的感染力。我们往往可以见到一些优秀的导购员就像天才的演讲家，或像一个杰出的演员一样，面对顾客的种种刁难而能应付自如。

当然，导购员只有好的口才是远远不够的，还必须深入了解顾客的需要。很多导购员的口才的确很好，但与客户一接触，就让客户敬而远之。为何会这样呢？原因有很多，最主要的就是导购员所表达的东西没有切中顾客的需要。

第二是"登山中途"阶段，即导购员应该熟练掌握销售的完整套路和技巧，但核心的是必须学会销售产品的价值。

价值，简单地讲就是顾客利益。产品本身不可能包括顾客需要的所有利益。顾客在购买产品的同时可能更关注品牌、公司文化、服务或导购员的素质以及产品信誉度等，这些产品以外的要素与顾客的切身利益密切相关。

所以，懂得销售产品价值的导购员知道如何超越产品和价格的限制，在销售过程中，让顾客将注意力集中在享用产品时所获得的主要利益上，甚至使顾客明知多付了钱，也觉得"物有所值"。

第三是"巅峰在望"阶段，即观念的销售。

其实，人的行为都是观念的奴隶。顾客的一切购买行为都受其价值观支配。所谓价值观就是行为的准则，有怎样的价值观就有怎样的购买行为。因此，如果顾客拒绝购买某产品，就证明其价值认知与我们的产品所推崇的价值观不一致。如果导购员无法调整顾客的价值观，那么要顾客购买我们的产品就是不可能的。

比如，现在很多名优品牌的家具比起一般的家具价格相对要高一些，这里面除了品质、用材及设计上的区别外，公司的稳健经营、兑现服务承诺的保障和有力的执行系统，也需要一定的成本，因此其价格相对较高。这些都不是顾客单凭眼睛就可以看得到的，而是需要顾客的判断和信任。

第四是"登峰造极"阶段，意思是作为一名顶尖的导购员，最后都会领悟到，销售自己在某种意义上讲比销售产品更重要和更直接。

世界最顶尖的推销员乔·吉拉德在他的著作和演讲中都不断地重复强调：

"我卖的永远是我乔·吉拉德，顾客买的首先是我乔·吉拉德！"

这句话的意思就是说乔·吉拉德的顾客首先是认可了他这个人，然后才跟他做生意的。推销行业有条训诫——推销产品之前首先是推销自己，说的也是这个意思。

乔·吉拉德是世界上最伟大的销售员，他连续12年荣登世界吉尼斯纪录大全世界销售第一的宝座。他所保持的世界汽车销售纪录——连续12年平均每天销售6辆汽车，至今无人能破。

乔·吉拉德也是全球最受欢迎的演讲大师之一，曾为众多的世界500强企业里的精英传授他的宝贵经验。来自世界各地数以百万的人们被他的演讲所感动，被他的事迹所激励。

35岁以前，乔·吉拉德是个不折不扣的失败者，他患有相当严重的口吃，换过40份工作仍一事无成，甚至曾经当过小偷，开过赌场。

然而，谁能想到，像这样一个谁都不看好，而且是背了一身债务几乎走投无路的人，竟然能够在短短3年内拿到汽车销售行业的世界第一，并被吉尼斯世界纪录称为"世界上最伟大的推销员"。

他是怎样做到的呢？

虚心学习、努力执著、注重服务与真诚分享是乔·吉拉德成功的四个最重要的秘诀。

我在《推销雄心》（北京大学出版社，2004年版）这本书里也讲到，导购员只有将自己作为头号产品销售出去，你的产品才会跟随着你源源不断地被销售出去。

什么才是"推销自己"呢？

"推销自己"不是导购员见人递张名片，作自我介绍那么简单；更深层的含义是说导购员的专业素质被顾客所认同和接纳。顾客从相信我们、敬重我们、欣赏我们开始，到尊重和相信我们所推介的产品……

如何才能让顾客认同和接纳我们的专业素质呢？下面我们来看看关于导购员素质结构的"单车理论"。

法宝二：推销之单车理论

推销的过程类似于自行车的架构：前轮掌握着前行的方向，代表着一种向往和追求；脚踏板控制着单车的速度，代表着一个人的能力；后轮支撑着单车的前行，代表着一个人的知识、技巧。只有前轮、脚踏板、后轮三者紧密配合，骑车人才能沿着正确的方向快速到达目的地。而对于导购员来说，只有明确目标、充满使命感、具有一定的能力和知识，才能在推销中获得成功，如图1-1所示。

单车前轮代表心态

单车的前轮带领着我们不断朝着正确的方向前进，它代表着一种憧憬、一种使命感，同时也代表着我们的价值观念、信念和意志力，为我们指明了人生前行的方向，使我们在并不总是平坦的道路上充满信心和动力地走下去。

前轮代表	脚踏板代表	后轮代表
向往、追求	能力、素质	知识、技巧
1. 憧憬	1. 学习力	1. 公司背景
2. 使命感	2. 控制力	2. 产品知识
3. 价值观	3. 语言表达能力	3. 市场知识
4. 信念	4. 公关能力	4. 顾客心理
5. 意志力	5. 交际力	5. 专业技巧

图1-1　推销之单车理论

（1）憧憬。

憧憬是推动我们行动的动力源之一，即我们向往什么、追求什么。从事家具销售工作也是一样，我们首先要在自己的内心建立一种美好的职业憧憬：如何从一个普通的导购员成为一名家具销售专家，再成为一名管理者……人们正是受这种来自内心憧憬的吸引和驱动，从而鼓起勇气和热情来面对工作挑战的。

（2）使命感。

使命感是由我们对工作意义的深刻理解所唤起的一种责任感和意志力。

要成为一名优秀的导购员，你必须理解：销售工作不但对公司负有责任，而且对顾客和社会都负有责任。因此，只有树立起这种工作的使命感，我们才能认真负责地完成公司和客户所交付的工作。

《致加西亚的信》这本书讲的是送信者罗文在接到总统所交托的任务——把信交给加西亚将军时，他没有问为什么，也没有摆困难、讲条件，而是主动地去完成任务，罗文是所有具有使命感的人的代表。

这本书太可怕了，它把一切都说了。
——美国总统乔治·布什

伟大的企业家摩根在写给儿子小约翰的信中说道：

读书就要善于从书中汲取营养，书籍是前人智慧的结晶，它可以使你少走弯路。你要多读书、读好书。有一本书我很喜欢，想介绍给你，即《致加西亚的信》。这本书虽然字数不多，里面却包含着太多重要的启示，给人以力量，它也因此曾经在军队中被广泛传阅。

到目前为止，这本书已经被翻译成多国文字。

我相信这本书对你也很有意义。每次提起这本书，总会让我想到书中的那位了不起的人物——罗文。

我希望你向优秀的榜样学习，像罗文一样，具有坚韧不拔的精神，为了自己的目标，克服一切困难，勇往直前。因为只有这种人才能成功，才能成为受人敬仰的人。我们应该为他塑造铜像，树立在每一所大学的校园里，让他成为学子们的榜样。对于一个年轻人而言，他所需要的，除了必备的课本知识之外，就是勇往直前的精神和责任感，唯有如此，才会像罗文一样迅速地行动起来完成任务，才能把总统致加西亚将军的信送达到将军本人手上。

（3）价值观。

简单地讲,价值观就是人类行为的准则。一个人如何建立自己的价值观体系,关系到他如何行事和抉择,因而也最终决定他的行为结果,决定他将会成为一个怎样的人。

麦当劳公司为全体员工建立的核心价值观是:品质、服务、清洁和物有所值,并以此作为全体员工进行经营的行为准则。作为一名家具导购员,我们应为自己建立一些怎样的行事准则、应如何构筑我们的价值观体系呢?我认为我们必须有意识地去树立一些基本的准则,如诚信、专业、责任、进取、自信、关心、服务、合作、奉献和虚心。这些准则可以帮助我们更有成效地工作和取得进步,创造卓越的销售业绩。而个人价值观体系的建立是一个人不断感知、感悟、提升和丰富的过程。

(4)信念。

信念是指人们在内心对某些真理所建立起的一种深信不疑的态度。例如,针对销售的困难和容易放弃的心态,我们可以建立这样的一个信条——凡事没有不可能。因为做任何事情,只有我们具有必胜的信念,才会去努力;如果总是怀疑和恐惧,最终就一定会放弃。

作为一名专业的家具导购员,我们必须相信我们所从事的行业是有前途的,我们的公司是有发展的,我们自己是大有作为的,我们的产品是物有所值的。这样我们工作起来才会有乐趣和自信,而这种乐观自信的态度往往会给客户带来一种无形的感染力。

(5)意志力。

意志力是指人们面对困难和逆境时所表现出来的精神品质,又称为逆境抗力,即抵御逆境的能力。

销售是最需要人们提升逆境抗力的一项工作。据统计,平均一次销售会遭遇来自顾客数十次的拒绝,一天之中,一个导购员很可能会遭遇数百次的拒绝。如果家具导购员的心理素质不好,抵抗逆境的能力不强,就很可能会在这种以拒绝为特质的工作面前变得沮丧和爱抱怨,最后只能以放弃而告终。

单车的脚踏板代表能力

由于导购员接触的不仅仅是自己销售的产品,还要接触不同行业、不同知识背景、不同性格特征、不同喜好和需求的客户,因此,销售这项工作的特性决定了我们必须具备多种能力,才能应付自如。

(1)学习力。

学习力是指我们时时刻刻都像海绵吸水一样去吸收知识的能力。将工作、生活当作学习的课堂,每天都带着强烈的学习欲望和动机,不断地积累、归纳、总结和提升。

有些导购员"一年走了别人十年走的路",这正是因为他们善于学习、善于总结;而更多的导购员则是"十年走了别人一年走的路",就是因为他们不善于学习,每天都在原地踏步。

(2)控制力。

控制力分为对自我情绪的控制、对自身行为的控制、对各销售流程的控制,以及对遵守行业道德和规范的控制等。凡是控制力好的人,往往工作起来就更严谨和富于理性,而不会被个人的情绪和一时喜好所左右。

(3)语言表达能力。

语言表达能力是指一个人的口才能力。一名优秀的导购员,他的言谈必定有过人之处,能做到以下几点:

①说话咬字清晰;

②说话时具有感染力,语调抑扬顿挫,语速有轻重缓急;

③说话时具有良好的形象和飞扬的神采。

每一个销售岗位都是一个演讲的舞台,导购员应该将每一次销售都视为一次专业演讲,并精心准备,用精彩的演讲打动顾客,树立专业的形象，建立可靠的信誉，为公司建立良好的品牌形象，从而取得出色的销售业绩。

（4）公关能力。

公关能力是指在比一般推销更高、更广和更深的范围和层次内进行销售的能力。例如，导购员要想在组织与组织之间、个人与个人之间建立长久的互动和信任，就要做大量非销售的公关工作。

（5）交际力。

销售工作是与人交流沟通的工作，因此如何获得他人好感、如何建立和维护关系、如何建立信任，都需要导购员的交际力。交际能力还包括形象和礼仪等方面的修养和知识。

单车后轮代表知识

后轮支撑着单车的前行，代表着导购员应该掌握的基本知识。

（1）公司背景。

一名优秀的导购员，一定要了解公司的背景、公司的产品、公司的优势，并且善于去宣传公司，包括文化、品牌和信誉。

（2）产品知识。

导购员并不是简单地推销产品，专业的导购员必须成为产品知识的专家，只有这样，才能在销售过程中更好地为顾客推介产品，解决顾客的各种问题。

（3）市场知识。

市场知识是一个广义的概念，一切与销售的产品相关的、可以在销售工作中发挥作用的知识都属于市场知识，都是导购员应该掌握的。例如，导购员应了解市场中竞争对手的相关情况，了解目前用户的市场需求等。

(4) 顾客心理。

了解顾客购买过程中的心理规律,了解顾客在购买过程中所关心的问题,了解顾客的需求和异议点,这些都是导购员做好销售工作必备的基本知识。

(5) 专业技巧。

技巧是工作的"润滑剂"和"保护伞"。在实际的销售工作中,如果导购员善于使用技巧,就能起到事半功倍的效果。这些技巧有"小狗交易法"、"推断承诺法"、"痛苦快乐成交法"、"拉销法"、"心理暗示法"、"优惠协定法"等。导购员掌握了这些技巧,就能在销售过程中更加自信,更能控制自如,就会把销售作为一种乐趣和艺术来享受。

法宝三:导购员的成功要素分析

导购员要想获得成功,首先要分析那些已经成功的导购员的特点,并加以借鉴和学习。一般来说,成功的导购员都具有以下特点:

热爱销售工作

成功的导购员热爱销售工作,并且深信售出的产品能给消费者带来价值。他们对工作满腔热忱、勤勤恳恳、积极认真,热切地期望做好本职工作。

不辞劳苦、工作有方、加班加点

一分耕耘一分收获,积极的工作态度创造出非凡的成就。导购员最需要具有的优秀品质之一就是"努力工作",而不是依靠运气或技巧(虽然运气和技巧有时也很重要);或者说,优秀的导购员有时候之所以能碰到好运气是因为他们总是早出晚归,他们有时会为一项计划工作到深夜，或者在别人下班的时候还在与顾客洽谈。

通用电气公司的琳达·富兰克林曾说过："要想在推销上获得成功，你每天至少需要花一半的时间来工作。""我不在乎你在哪儿工作 12 小时，但是必须做出这样的努力和承诺，才能成为今天的顶级推销员。"

IBM 公司的麦特·萨弗莱托说："如果你将每次的销售电话、展示或建议都当作可以从中获得订单、承诺或提升的一件事，你将永远跑在竞争者的前面。"

▶ 强烈的成功欲望

热切地希望取得成功、具有强烈的成功欲望，这是成功导购员所具有的个性特质。人人都渴望成功，有些人为了获得成功而心甘情愿付出艰苦的努力；而有些人却只是口头的巨人，行动的矮子，他们不愿采取实际行动去换取成功。史蒂夫·吉布森是一位股票经纪人，他说："做得第二好还不够，我对自己的挑战就是成为客户的最佳经纪人，我要做到出类拔萃。我发现每天工作结束时，问自己这个简单的问题——'我尽全力了吗'，是非常重要的。"

▶ 乐观的态度

对公司、产品、顾客和自己抱有积极肯定的态度是导购员成功的主要原因。成功的导购员一般都会保持乐观自信的心态，在遇到困难时，积极的态度会帮助他们不断地去寻找改善的方法。导购员要对自己、对自己的工作和对顾客有积极、热忱的态度，就需要做到相信自己，将自己视为成功者，并具有积极的人生观和工作观。

▶ 丰富的知识

导购员应全面掌握业务中需要的各方面知识。

随着产品和服务变得越来越复杂,公司越来越重视对导购员的培训。导购员除了参加公司的培训,还应阅读销售方面的书籍和杂志,对与销售技巧有关的最新思想进行广泛了解,并将所掌握的知识运用在销售过程中。

▶ 珍惜时间

成功的导购员一般都会按照重要事情优先考虑的原则,制订每天的工作计划,比如确定要拜访哪些客户、展示哪些产品、如何进行展示等,并严格根据计划进行工作,将80%的时间投入到能带来最大结果的20%的工作上。

▶ 懂得发问和聆听

发问是为了更多更好地聆听,聆听是为了更多更深入地了解,了解是为了更有效地沟通、更快捷地成交。成功的导购员不仅具有优秀的口才,而且善于聆听顾客的需求,从而掌握顾客真正的需要,为客户提供合适的产品。

▶ 愿意为顾客服务

能与顾客建立持久关系的导购员都有一个共同的特点,那就是他们愿意为顾客服务。他们尊敬客户,公平地对待顾客,站在顾客的立场上考虑问题,并与客户建立起一种良好的合作伙伴式的工作关系,他们愿意向每一位客户提供出色的服务。正是这些要素,帮助他们赢得了顾客的尊敬,使他们被顾客视为有职业道德的专业导购员。

▶ 让生理和心理保持在巅峰状态

在工作上全力以赴、保持最佳状态，是导购员取得成功的重要条件。

> ★ 友情提示
>
> ➡ 顾客是任何生意中最重要的人。
>
> ➡ 顾客不必依靠我们，但我们必须依靠顾客。
>
> ➡ 顾客的光顾不是对我们工作的打扰，而是我们工作的目的。
>
> ➡ 顾客与我们做生意是帮我们的忙，我们帮助顾客却不仅仅是在帮助顾客一个人。
>
> ➡ 顾客是我们企业的一部分，而不是局外人；顾客不是现金出纳机中的金钱，而是具有感情的人，我们应该尊敬他们。
>
> ➡ 顾客是带着需要和欲望来到我们面前的人，我们的工作就是满足他们的需要。
>
> ➡ 顾客应得到我们能给予他们的最细心、最体贴的关照。

➡ 法宝四：杰出导购员的成功因素

杰出的导购员之所以能获得成功，是因为他们一般都具有与众不同的八大因素，具体内容如下：

▶ 工作具有使命感

杰出的导购员一般都能深刻理解工作的重要意义：不是简单地为了

物质利益而工作，而是为一种使命感去工作；不是鼠目寸光地为了眼前利益，而是将目光投向未来。正是这种使命感，促使他们在工作中努力进取，认真负责，面对困难能够百折不挠，勇敢克服。

▶ 不屈不挠的意志力

无法成交就谈不上完成销售。一般而言，杰出的导购员总会想方设法来与顾客达成共识，从而顺利签单。如何才能成为一名杰出的导购员呢？研究表明，有一点很重要，即导购员应该具备一种百折不挠、坚持到底的精神。导购员应该像运动员一样不怕失败，在工作中能做到不畏困难，勇于接受挑战，并把挑战作为进取的机遇，甚至到最后一刻也不放弃努力；在一次次的失败后依然能保持乐观向上的态度，在解决困难的艰苦过程中具有超出常人的毅力和斗志。

▶ 有信念和工作价值观

杰出的导购员具有坚信自己能够成功的信念，不断地在自己的人生路上设定目标并超越目标，有积极向上的工作价值观。正是这种信念和价值观，驱使着他们不断进步。

▶ 在计划、研究和分析上更为周详

仅仅设定目标并不能保证最终的成功。杰出的导购员在确定目标后，总是善于制订详细、周密的工作计划，分析目前的形势，研究计划的可能性，并且能在随后的工作中不折不扣地予以执行。只有这样，才能在实现目标的道路上一步一个脚印，以自己的实力取得成功。

其实，销售工作并没有什么特别神奇的地方，有的只是严密的组织和导购员勤奋的工作。一位成功的总裁如是说："我们杰出的导购员从不散漫和拖拉，如果他们说将在两天后与顾客会面，那么你可以相信，两天后他们肯定会在顾客那里。"

▶ 准备工作做得更好

凡事预则立，不预则废。杰出的导购员在开展一项销售工作前，一定会充分准备，如了解顾客的背景、知识层次、个人喜好等，以真正掌握顾客的需求，为顾客提供合适的解决方案。

▶ 更有主动性和更勤奋地工作

在生活和工作中，一个人如果总是被动消极地等待行动，肯定不能抓住机遇、取得先机。杰出的导购员一般都会积极主动地采取行动，以一种乐观的态度去面对人生，而且比常人更加勤奋，付出更多的辛苦和劳动。一分耕耘一分收获，辛勤的汗水必定能换回丰硕的果实。

▶ 在人际关系技巧的运用上更纯熟

终端销售工作是导购员和顾客进行沟通和交流的过程，需要与顾客建立并保持融洽的关系。杰出的导购员往往具有亲和力与一定的个人魅力，在人际关系处理上也具有一定的技巧。

▶ 能帮助公司和顾客去实现目标

销售不是一种个人行为，而会涉及公司和顾客的利益。因此，杰出的导购员在销售过程中会考虑二者的利益，使二者实现双赢。

自检：发现你的"短板"

木桶定律：注意你素质中的薄弱环节

木桶定律的意思是说，一只由长短不同的木板拼成的木桶，它盛水的多少，不是取决于木桶上那块最长的木板，而是取决于最短的那块木板。如果要想多盛水，就必须去补齐那些短板。木桶定律强调了系统平衡的重要性。一个人各方面的素质就构成了他赖以成功的系统，但如果这个系统出现局部的问题或不足，就有可能导致整个系统的失败。木桶定律告诉我们要去发现构成个人素质系统中的那些"短板"，并要设法把它提升、补齐，这样业绩之水才会盛得更满。

什么是素质

素质不是关于我们知不知道与知道多少的问题，而是关于我们能否做到的问题。

有位博士也跟着别人去体验"蹦极"的乐趣，当他爬上了50米的高空蹦极台时，教练向他展示了两个大字，问博士懂不懂这是什么字，博士用响亮的声音回答："勇敢！"

教练又问："你理不理解？"博士又以更响亮的声音回答："完全理解！"

教练说："那你跳下去！"

博士浑身颤抖着回答："不敢！"

不难看出，这个幽默故事中的博士，在玩高空蹦极的游戏中，胆小就是他素质中一块短板，就算他有长板——满腹经纶又能怎么样呢？如果不能提升胆小这块短板，他可能永远也无法体验蹦极游戏的乐趣。

做销售工作也是一样，有许多老板以为公司经营得不错了，有条件了，就用高薪聘请了一批高学历的员工来做销售，结果发现"洋枪打不过土炮，本科卖不过初中"，为什么呢？其实高学历的员工之所以表现不佳，很大程度上是因为他们的心态，这块看不见的短板影响了他们的业绩。

明白了这个道理，如果你想让自己的业绩之水把木桶盛满，那么就诚实地给自己做个"测验"吧！

请你根据以下表格来检查自己的销售能力，在对应的分数栏中画"√"。

得分 项目	1分	2分	3分	4分	5分	6分	7分	8分	9分	10分
1. 制订目标、计划的能力										
2. 销售行动的能力										
3. 坚持不懈的意志力										
4. 实现目标的专注力										
5. 恪守诺言的能力										
6. 时间管理的能力										
7. 了解市场的能力										
8. 了解顾客的能力										
9. 介绍产品的能力										
10. 专业演讲的能力										
11. 与顾客沟通的能力										
12. 自我控制的能力										

(续表)

项目 \ 得分	1分	2分	3分	4分	5分	6分	7分	8分	9分	10分
13. 处理顾客异议的能力										
14. 处理顾客抱怨的能力										
15. 促成交易的能力										
16. 理解公司意图的能力										
17. 理解顾客的能力										
18. 让顾客转介绍的能力										
19. 吸取别人经验的能力										
20. 自我修炼的能力										
21. 总结工作经验的能力										

法宝五：杰出导购员的三种心态

如图1-2所示，杰出的导购员一般具有必胜的信心、良好的心态以及正确对待顾客的态度。而信心建立的基础是具有必胜的信念、对家具专业知识的熟记以及建立专家顾问形象；良好心态的培养是要以一种专业的心态正确对待拒绝，全面衡量得失；在对待自己的顾客时，要从顾客的立场出发，真正地做到用户至上，切实满足顾客的需求。

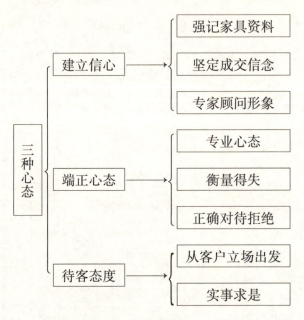

图1-2 杰出导购员的三种心态

> **建立信心**

（1）强记家具资料。

导购员应全面了解及熟记家具资料，以便在销售过程中能充分地向顾客介绍。

（2）坚定成交信念。

导购员应假定每一个来到店里的顾客都会购买家具，使自己形成一种条件反射，积极地进行销售，从而提高交易的成功率。

（3）专家顾问形象。

在当今的关系型营销环境中，优秀的导购员最需要注意的一点是：成为解决顾客问题的能手和与顾客发展关系的行家（未来的导购员将不再只是导购员，而是顾客的顾问），力求敏锐地把握顾客的真实需求。

优秀的导购员通常是这样的：他们全神贯注、耐心、服务细致周到、反应迅速、善于倾听、十分真诚；他们能站在顾客的立场上，用顾客的眼光来看问题。

今天,顾客更希望导购员成为其"业务伙伴"而不是"玩友",导购员应该很清楚这一点。优秀的导购员所做的不是去讨顾客的欢喜,而是应该真正去关心顾客的利益,关心顾客的业务发展方向,关心怎样才能解决顾客的问题。

▶ 端正心态

(1) 专业心态。

一名有职业习惯的导购员,一见到顾客就会立刻进入工作状态,脸上和眼睛里都会洋溢着热情的微笑,令顾客感到容易接近而又可以信赖。

导购员调整心态的自我暗示语

今天,我要微笑,
我充满自信和希望。
今天,我要为公司创造业绩,
我与公司一起成长!

(2) 衡量得失。

导购员通常都会遇到被顾客拒绝的情况,这时不应气馁,而要用乐观的心态去衡量得失。顾客的拒绝对于导购员不但没有任何损失,反而可以增加经验。如果及时进行总结,就可能在下次销售中把握成功的机会。

> **推销"八气"**
>
> 入行是你一种福气；
> 做人做事要有志气；
> 受挫时不要有怨气；
> 逆境中要提升勇气；
> 被刁难时吞声忍气；
> 待人处世保持和气；
> 在起跌中磨炼脾气；
> 坚持必定扬眉吐气。

（3）正确对待拒绝。

在销售过程中被顾客拒绝是很正常的，但导购员不要被表面的拒绝所蒙蔽，拒绝并不是回绝，一般都存在回旋的余地。因此，导购员不要轻易放弃，可以过一段时间再跟进。任何推销专家都经历了从无知到有知、从生疏到熟练的过程。

> **克服自卑心态的"百分比定律"**
>
> 如果你接待了10名顾客，却只在第10名顾客处获得了200元的订单，那么你会怎样对待前9次的失败和拒绝呢？
>
> 请记住，你之所以赚到200元，并不是第10名顾客让你赚到了200元，而是你接待的10位顾客都让你赚了200/10＝20元的生意，因此每次被拒绝的收入是20元。所以，对于拒绝，你应面带微笑，感谢对方让你赚了20元。只有这样，你才能学会辩证地看待失败与成功。

▶ 待客态度

（1）从顾客立场出发。

所有的推销都是针对顾客需求的。导购员应首先了解顾客来到门店的目的，同时明确自己的销售目的。当顾客进店后，导购员应在第一时间递上一杯冰水或者热茶，让顾客落座，使顾客彻底放弃"看一看就走"的逃避心理。在与顾客交谈时，应对症下药，配合顾客的思路，介绍他所需要的家具，迎合顾客的心理。训练有素的导购员一般都会主动了解顾客的问题、需求和个人的意见或观感，同时也会了解顾客对其他品牌家具的看法，从而了解顾客选择家具的倾向性，为进一步沟通创造良好的条件。

（2）实事求是。

导购员过分夸张的介绍和推销，会引起顾客的不信任和不满；相反，应适当提及家具的一些不足，并加以补充说明，来帮助顾客进行对比，增强顾客对导购员的信任感。

▶ 法宝六：销售的探戈——服务

我们已经进入服务行业而不是制造行业占主导地位的时代了，这个时代的消费者对服务质量的重视已远远超过了对其他因素的重视。《财星》杂志的一次调查表明：在世界500强企业的高级主管当中，86%的人把"对顾客的服务品质"视为工作中极其重要的组成部分，其重要性甚至领先于公司成长、生产力和公司的声誉等方面。据有关权威机构调查显示：在10个转向别家公司购物的顾客中，就有7位指出，他们离开的主要原因是服务人员的服务不好。

近几年，家具市场狂掀营销推广的热潮，各种概念层出不穷，令人眼花缭乱。那么，今后家具应倡导什么样的理念才能更贴近消费者，更好地体现家具自身的价值，从而成为市场的主流呢？从卖方市场到买方市场的发展过程中，"服务"以及由此带来的附加值将成为家具销售的一大亮点，也成为导购员应重视的销售环节。

因此，作为一名专业的家具导购员，我们应意识到当前这个营销时代的特点，并自觉培育强烈的服务意识和使命精神，把顾客满意作为我们销售工作的指针和目的。

▶▶ 服务是无形的"舞步"

舞步一：服务是满足期望的无形活动。

舞步二：提供的服务即时会消失。

舞步三：服务以人力为主。

舞步四：提供给顾客的服务，既难同质，又很难定标准。

舞步五：服务具有即时性，也就是"现场演出"。

舞步六：服务是有个性的，这就是服务产生差异的原因之一。

舞步七：服务的"活动"会成为顾客的一种"体验"，这种"体验"与顾客所付出的金额是否等值，是服务过程中的关键问题。

舞步八：服务是无形的，因此无法事前进行存储备用。

舞步九：提供服务的同时，消费也在进行；服务完成，消费也随即完成。

舞步十：顾客也参与服务过程。

▶▶ 舞姿的美与丑

做好服务与跳好探戈有异曲同工之妙，以下有几种模式可供借鉴。

事先期望>实际获得
感觉不满
发表不利信息，损害公司形象、信誉和销售

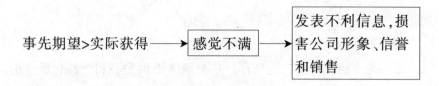

图 1－3　失败的舞姿

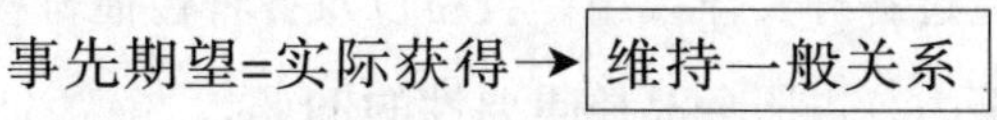
事先期望=实际获得
维持一般关系

图 1－4　标准的舞姿

事先期望<实际获得
非常满意
再次投资，推介顾客

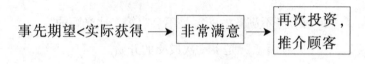

图 1－5　超标的舞姿

舞者的素质

舞者要做到出众和卓越，一定要有基本的素质，当然服务也不例外。影响服务品质的有五个决定性的因素，即可靠度、反应度、保证、同情心、有形化。

（1）可靠度。

指能够信赖的并能正确履行承诺的服务能力，它是构成服务品质的决定因素和核心要素，在整套服务品质体系中，其重要性可占32%。

（2）反应度。

指导购员愿意帮助顾客并提供及时的服务，是员工为顾客提供服务的积极程度，约占服务品质重要性的22%。

（3）保证。

指导购员的知识与修养所能给予顾客的一种信任感和信心，占服务品质重要性的19%。

(4) 同情心。

是一种"感同身受"的情怀，是为顾客提供关心和个性化服务的表现，占服务品质重要性的16%。

(5) 有形化。

指导购员通过各种实体设施、设备以及各种传播材料，将无形的服务呈现出来的努力，占服务品质重要性的11%。

▶ 舞者的信条

信条一：对服务不满意的顾客是不会有第二次光顾的。

信条二："顾客满意"是下一次成交的开始。

信条三：对于服务的奖励首先是顾客的满意，然后才是在销售业绩上的回报。

信条四：服务无定量；服务无定时；服务无定岗；服务无定人。

信条五：服务是从转变心态开始的。

信条六：服务价值无限。

信条七：服务要有创意。

信条八：卓越的服务来自卓越的服务意识。

信条九：卓越的服务意识就是要服务人员认真地研究顾客的期望。

信条十：服务一旦偏离顾客的期望，便会产生"满意危机"。

信条十一：服务品质包括作业正确、信用可靠、态度友善、有责任感。

信条十二：服务更多地来自于经验和态度，而非产品。

▶ 小心你的舞步有误

错步一：对家具的设计风格认识不足。

家具的设计主题、文化和表现手段是产品的灵魂，是导购员的背景支持。如果导购员对家具的内涵了解不透彻,在销售中就不能尽情发挥。很多家具厂家都是重金聘请国际一流的设计师来设计产品,产品里往往包含着深厚的文化内涵和独特的设计理念。但如果导购员不能深刻了解和掌握其中的精华来迎合顾客的需求,无形中就是自己解除了自己的武装,减弱了自己的销售力度。

错步二:对产品的整体价值认识不足。

其实顾客的购买决定,很大程度上取决于顾客对所购产品整体价值的认识程度。顾客对家具的整体价值认识越全面、越深刻,认知度越高,就越容易做出购买决定。

但是,顾客对家具价值的认识度往往取决于导购员对家具的认知度和表达能力。如果导购员对所销售的家具资料掌握得不全面、不深刻,他就很难让客户获得更有价值的信息。

错步三:对顾客需求的了解和认识不足。

由于家具买卖是一个金额大、因素多、程序复杂、时间长的销售工作,因此,购买的不同阶段、不同情景,顾客不同的文化程度和职业背景,不同的经济能力和个性喜好都构成了顾客不同的心理状态。一名专业的导购员要因人、因地、因时而随机应变。导购员了解、把握及满足顾客的种种需求,是销售服务的关键。很多时候,顾客流失的原因就在于导购员没有掌握顾客的购买需求。

错步四:对真诚服务的认识不足。

很多导购员在带领顾客看家具和讲解家具的过程中的表现是:有路程就无心情,有过程就没热情。这正是对真诚服务认识不足的表现。

错步五:对销售服务系统中的关键时刻把握不住。

①导购员如何建立个人的销售服务系统。

如图1-6所示,导购员要建立个人的销售服务系统。首先要描绘出自己的服务圈,即制订自己的服务流程;然后在服务的过程中找出关键的时刻,并采取相应的措施,建立警觉系统,对服务过程中出现的异常情况进行告警；然后不断修正失误，不断完善自己的销售服务系统。

图1-6 建立个人的销售服务系统

②家具销售过程中的关键时刻。

在家具销售过程中，有以下几个关键时刻需要导购员把握：

➡ 购买或不购买的关键时刻；

➡ 进行价格评判的关键时刻；

➡ 再次购买的关键时刻；

➡ 信息反馈的关键时刻；

➡ 投诉的关键时刻；

➡ 不断重复的关键时刻。

③影响关键时刻的要素。

如图1-7所示，影响关键时刻的要素包括顾客的价值观、态度、期望、经验、知识、身份、习惯和感受等，还包括导购员的态度、使命感、价值观、信念、信仰、愿望、感受等。同时还包括一些背景因素和无形的心理（如导购员和顾客的价值观不同等）影响，如导购员是否在现场让顾客享受到了优质的服务；是否让顾客有受欢迎、被尊重的感觉；是否具有工作效率、服务品质和责任感。

总之，顾客是否购买商品，或是否愿意再次进行购买，是与导购员在关键时刻是否处置得当密切相关的。这些关键时刻具有决定性的意义,实际上它已经预示了整个服务的成败。只有顾客的购买行为模式和导购员的行为模式是和谐的,才能使销售过程顺利进行。

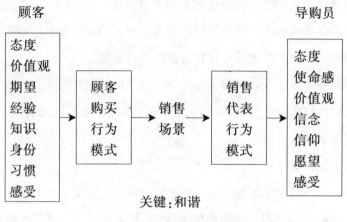

图1-7 影响关键时刻的要素

④实施优质销售服务的程序。

要实施优质的销售服务,导购员首先要分析服务构成的要素,然后设计销售服务圈,制订自己的服务流程,如图1-8所示,在整个过程中要用心做好每一步工作,并找出销售过程的关键时刻,采取办法把握关键时刻,最终使顾客满意度最大化。

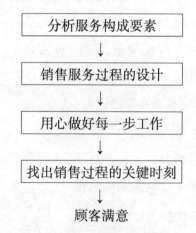

图1-8 实施优质销售服务的程序

错步六：对顾客购买异议的处理不当。

在本书第三部分我们将讲到销售过程中的五大步骤，其中第四步就是处理异议。我们将处理异议视为销售过程的"鬼门关"，因为如果顾客的问题得不到解决，顾客拒绝购买就是理所当然的事情。没有顾客会买有疑点的产品，因为还有很多选择在等待着他。

如果导购员对顾客在购买过程中所遇到的问题估计不足、准备不充分，在销售过程中处处被动挨打，一问三不知，顾客就会将疑点放大，并可能影响其购买决定。

错步七：对销售跟进服务认识不到位。

购买家具对于顾客来说是一项复杂的决策，因此，顾客需要更多的信息（不断收集资料、不断进行比较）、更多的时间。在这个选择和决策的过程中，顾客十分需要导购员为其提供专业的意见。

销售跟进不是简单地催促顾客做决定，不是打电话说："您考虑得怎样了？"这样会使顾客产生反感；相反，如果顾客在选择过程中陷入两难的境地时，接到一位导购员这样的电话："先生，最近您一定看了不少不同品牌的家具，在评估'谁是我的最佳选择'上，相信先生一定遇到了一些不在自己专业范围内的问题。不过不要紧，如果您不介意，我们一起分析一下您目前所遇到的一些难题……"总之，销售跟进服务首先是要帮助顾客解决问题，这一步做到了，其他的就会水到渠成。

错步八：对如何实现销售穿透认识不足。

真正成功的销售是口碑销售，这是营销发展过程中一种最可靠、最有效的市场扩张模式。但在家具销售中，却很少有导购员去跟进和维护与已购买家具的顾客的关系。其实已购买家具的顾客也是非常有价值的资源，因为他们有资

金，有可能会重复消费；他们有一批与他们在经济实力、社会地位和生活需求方面相近的亲朋好友，这些朋友有可能会购买家具；而且如果买主对产品满意，他们的推荐将远远胜过广告的效果；另外，顾客购买的家具是最好的样板陈列，天天开放给他的亲朋好友"参观"，他们最了解这些参观者谁有意购买。所以，每售出一套家具，都意味着将有更多的销售机会出现。

错步九：对专业素质要求的认识不足。

很多导购员遇上市场"风调雨顺"的环境，就很容易产生一种错觉，如"销售很简单，只是带顾客看看，然后就成交了，佣金是很容易赚的，哪里用学那么多知识，更谈不上需要什么素质……"

是的，这种情况确实存在过，但今天，这种"美好的时光"已经一去不复返了，当前的家具行业已进入了激烈的竞争时代。在白热化的竞争中，导购员就成了公司决胜市场、决胜终端的关键因素，此时，导购员就要从"依赖产品"的安乐窝里走出来，变为"产品依赖你"。在此形势下，导购员的素质成为其获取业绩的关键。那么，一个专业的导购员应具备哪些素质呢？专业知识一定少不了，但成交往往是"功夫在诗外"。

要促成一单交易往往要花费很多时间，在这个过程中，导购员应与顾客建立不间断的联系，而这种联系不是一厢情愿的，而是要双方"情投意合"，这就需要导购员的技巧和素质了。

我曾与某公司一位销售冠军交流过，我问他在这么长时间的销售工作中，除了专业方面的知识外，还学到了些什么。他说：那就多啦！有打高尔夫球、打台球、踢足球、打网球、打保龄球、健身、汽车驾驶，还有下围棋、下象棋、打桥牌等。为了与顾客沟通，当发现对方喜欢某类活动的时候，他马上就会去学习、了解，虽然不是很精通，但已有所了解，所以请教对方时，对方会很开心。这就是投其所好！

从这位销售冠军的话中我们可以看出，一位优秀的导购员应该具备

"全能"的素质，既是行业里的专家，又精通人际沟通；既要有一定的立场，又要给顾客安慰和赞扬；既要善于表现，又要具备内在的修养；既要善于描述远景，还要懂得营造心境……

作者建议

推销的过程就像单车比赛，只有前轮把握好方向，蹬脚踏板时充满力量，同时后轮提供有力的支撑，才能在比赛中胜出。

要想成为成功的导购员，就要使自己具备成功导购员的基本素质和心理素质，在专业知识和技能等方面不断提高，建立自信，热爱自己的本职工作，不断树立目标，向成功脚踏实地地迈进！

Part 2 训练宝盒二
观 念 篇

点石成金：爷爷，为什么只要小鱼不要大鱼

法宝一：变换看顾客的角度
法宝二：不仅仅是卖家具还要卖价值
法宝三：不要等待而要主动出击
法宝四：将顾客的消费观念转变为投资观念
法宝五：将推销观念转变为服务观念
法宝六：将推销转变为"体验式销售"
法宝七：将推销转变为"顾问式销售"
法宝八：将刻板的工作态度转变为热情友善的态度
法宝九：将顾客的拒绝视为成交的契机
法宝十：将顾客抱怨的话作为工作的动力

点石成金：爷爷，为什么只要小鱼不要大鱼

在我们公司的一次故事分享会上，我的员工讲了这样一则故事，对导购员很有启发。

有一次小孙子跟爷爷去钓鱼，小孙子很快就发现了一个奇怪的现象：爷爷把钓到的大鱼都放回河里，钓到小鱼就放袋子里准备带回家。

小孙子想来想去，怎么也想不明白，于是就问爷爷：

"爷爷，为什么你只要小鱼不要大鱼呢？"

爷爷回答道："孙子啊！你看咱们家里的锅那么小，把大鱼带回去无法煮啊！"

孙子指着爷爷的脑袋瓜说："爷爷，你这真是个旧脑袋，你想想如果我们换一个大锅，从此以后不就可以吃上大鱼了吗？"

爷爷恍然大悟。

如果把这个故事引申到销售领域，它在告诉我们怎样的道理呢？其实这个锅可以比喻为销售观念，很多公司和导购员心中只有吃小鱼的"小锅观念"。如果我们不能将吃小鱼的"小锅观念"转变为吃大鱼的"大锅观念"，那么我们就会像那位爷爷一样，大鱼到手了也会把它放走……

下面我们就来看要做好销售，要创大业绩，有哪些观念可以帮助我们吃上大鱼。

法宝一：变换看顾客的角度

世界顶尖推销员乔·吉拉德在一次演讲中问听众："大家想不想知道我是怎样成为世界顶尖推销员的？"

在场的三千多人众口一词："想！"

乔·吉拉德说："其实我的很多生意机会都是跟我在一起的同事送给我的。"

他的话音刚落，会场里的噪音顿时四起，很多人自语道："别人送给你的，还算是你的本事吗？……"

乔·吉拉德是个幽默的人，他接着解释说："当然，你们还需要知道他们为什么要送顾客给我，他们送给我的是什么顾客……"稍微停顿了一下，乔·吉拉德接着说：

"我的同事以貌取人，他们在选择优质的顾客。比如，一个顾客进门，他们上下打量过以后就对我说：'吉拉德，我看这顾客的一身打扮，好像今晚的那顿饭还有问题，他哪里还会有钱买车啊！你去接待吧。'大家都知道我从不拒绝任何顾客，我会跟他们交朋友，当他们认可了我以后，就算他们没有买车，但他们都会给我不断地介绍他们身边需要买车的朋友。我的生意大部分并不是进展厅的顾客直接带来的，而是那些进来不买车的顾客，我跟他们做朋友以后间接带回来的……"

乔·吉拉德在讲什么呢？

乔·吉拉德是讲他看顾客的角度跟他的同事不同。他的同事认为没有购买力的都不是顾客，都不值得在他们身上花时间，而乔·吉拉德却认为，顾客是一种关系，即使他永远都不会买车，但并不代表他交际网中的亲朋好友不买车，如果跟他交朋友了，他就会诚心地为自己推介这些机会。

乔·吉拉德看问题真是比他的同事深得多，别人看到的可能是一块没有肉的骨头，乔·吉拉德却看到了其中的钙元素。

人际关系学说，一个人一生中会有几十位密切交往的朋友，也就是说如果与一位朋友拉好了关系，就有可能透过他进入到他的关系圈里。

因此，可以这样说，销售的一种有效的模式就是用心去经营好顾客关系，由他们来推介生意机会往往更有效。

变换你看顾客的角度，你会看到和获得更多的生意机会。

法宝二：不仅仅是卖家具还要卖价值

顾客购买的不仅仅是家具，也是利益，是他需要理解和感受到、体验过并且认同的利益，这个利益就是顾客所需要的价值。

我曾经听到不少家具行业的老板和高级管理者说："我们的导购员每天只会卖家具的功能、板材、配件、面料、尺寸、折扣……而我们花大价钱投资在设计上的创新概念和文化艺术概念全都泡汤了。在他们的嘴里，家具只剩下板材、尺寸、折扣……，顾客听起来毫无价值感，肯定会说价格贵啦，如果我是顾客，我也不会买……"

事实上，是我们的导购员在天天为自己的家具打折扣，他们不能透过自己的推介来提升家具的价值；相反，却把很多实实在在的与顾客生活和享受有关联的好处给省略了……

如果"只见家具，不见价值"，这就犯了"销售近视症"。其实家具只是价值的一个载体，是顾客利益的载体，顾客表面买的是某一套家具，但心中想要的却是家具所带来的种种利益，比如，好品质所带来的安全感、好品牌所带来的信任感、公司的实力和诚信文化所带来的放心、有特色的设计所带来的与众不同的生活方式和居住的乐趣、专业的导购员所带来的良好服务和产品知识，等等。

随着社会的进步和生产工艺以及家居文化的发展，消费者的需求和要求也不断提高。因此，当今的家具已远远超越了简单的款式和使用功能的范畴，已经提升到居室的艺术品的层次。它就好像时装一样装扮着每一个家庭，给居室的主人带来的是一种生活文化，一种值得欣赏的品味和乐趣，一种美妙的生活方式……

如图2-1所示，一个完整的产品包括了产品的核心价值，如产品的功能、技术等；产品的形式价值，包括了它的系列、款式、颜色等；产品的延伸价值，包括它的服务、品牌、公司的信誉、产品的文化内涵、产品所塑造的生活方式，还有导购员的素质、销售的创意、环境、气氛、顾客对产品价值的认知度和心境感受以及付款方式等。

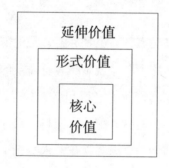

图2-1　一个完整的产品概念的三个价值层面

在家具市场的竞争中，所有厂家原来所具有的传统意义上的战略优势，如技术、规模等，由于厂家相互学习与借鉴，逐渐缩小了差距，因此优势不再成为优势或不再是长久的优势。

厂家在产品、价值、渠道及促销等营销层面上的竞争也由于信息的畅通化和市场机制的完善，使得相互间的模仿和借鉴的速度越来越快，想以此来建立起长久的竞争优势也越来越难以奏效。

因此，家具导购员应懂得将简单的产品观念转化为价值观念。要通过我们对产品价值的把握和理解，通过对顾客需求的透彻把握和理解，再加以个性化的提炼和发挥，增加产品的文化和服务中的价值内涵，最大限度地满足顾客精神层面的需求，只有这样，导购员才能在销售中掌握先机，有效引导顾客成交。如图2-2所示。

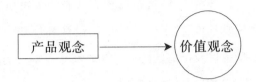

图2-2 将顾客的产品观念转变为价值观念

要将产品观念转变为价值观念，其中一环就是导购员应该学会进行文化营销。文化营销是指通过激发产品的文化属性，来构筑顾客对美好生活的想象，来构筑顾客对企业文化的理解和信任，从而构筑亲和力，把产品营销转变成为一种与消费者的文化沟通，通过这种文化的共振和融合，将各种利益关系群体紧密地维系在一起的企业营销活动。文化营销是以传统营销为基础形成和发展起来的，但又比传统营销具有更丰富的人本理念和道德内涵。

文化营销并不是空喊几个口号、搞几次文化类促销活动就可以成功的，而是最终要落实到导购员的日常销售工作中。家具本身就是一种文化的、艺术的形态，它表达着一种文化的、精神的内涵。因此，文化营销一旦落在销售的实处，它在满足消费者对居住文化的需求时，就等于提升了家具的品位与魅力，提升了家具的价值感和成交的可能性。

法宝三：不要等待而要主动出击

销售界有句老话说得好："不是'守得云开见月明'，而是'拨开云雾见青天'。"意思是业绩要靠导购员主动争取，而非被动地守株待兔。

在市场营销界有这样一种说法：品牌的成功50%在于产品的创新，30%在于形象包装与广告策略，20%在于销售执行；但前两者的80%

应由20%的后者来实现。

如果我们再将占20%的销售执行放大来看,也可以得出同样的结论:销售执行的成功50%在于产品渠道的设计和规划;30%在于门店的位置和门店的形象以及产品的陈列;20%在于导购员的销售能力;但前两者的80%应由20%的后者来实现。

不论上述说法是否准确,但都表达了同一个道理,即越往终端,其所占的分量表面上越小,但所起到的作用却是以一当十的。就如我们常说的一句话:"100-1=0"。这个"1"就是关键中的关键,而用这个"1"来比喻导购员就再恰当不过了。

如何才能将导购员的这个1度溶入99度的营销作战中,达到100度的销售沸点?主动出击是非常必要的。如图2-3所示。

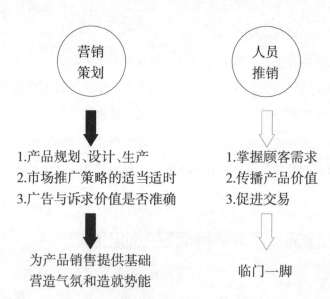

图2-3 导购员主动出击

导购员主动出击可分为三个层面：

▶ 第一层面

家具销售属于服务范畴，导购员不断地、主动地服务是与顾客建立和睦关系的最可靠的方式。导购员在门店里向顾客推介家具时，要变被动为主动，做到"三个主动"：

（1）热情主动地与顾客沟通。

（2）积极主动地推介与促成交易。

（3）积极邀约顾客和请求顾客转介绍。

▶ 第二层面

客户表示要"再考虑考虑"时，导购员跟进此顾客时要做到"三个不要"：

（1）不要在顾客面前表示不满，而要了解顾客拒绝成交的原因。

（2）不要不通情理穷追不舍，而要进行多方面、多层次的沟通，在获取顾客的好感和信任的基础上来推动成交。

（3）不要轻言放弃，要有耐心，有迎难而上的坚持之心。

▶ 第三层面

不论顾客成交或放弃成交，导购员都要做到"三个继续"：

（1）继续跟踪和维护与顾客之间的关系。

（2）继续了解顾客的售后需求和问题。

（3）继续开发顾客的后续资源和关系顾客。

法宝四：将顾客的消费观念转变为投资观念

随着经济的发展和人们生活水平的日益提高，人们手中的余钱越来越多了，其中有一部分人会将钱投资家私或家庭生活环境的改善上，他们追求舒适、有文化和高档次的生活。的确，人类在解决温饱后，90%以上的消费都与精神生活和精神享受有关。

我们正处在一个急速发展和转型的消费时代，产品日新月异，档次和品位越来越高、文化内涵越来越丰富。因此，消费者的消费心态、对产品的价值评估和欣赏都处在一个转变的过程中，在这个过程中，导购员承担着一种义不容辞的引导消费者消费的责任。

大多数顾客还会抱着传统的消费观念："能省则省，能便宜一点就最好便宜一点。""什么风格、艺术、时尚都不重要，能用就可以！""都是一张床，一个柜子，凭什么说设计不同就贵了那么多？""说是名牌就贵那么多，分明不合理！"

如果导购员不能改变消费者的这种观念，那么想让他花更多的钱来买你的产品，简直是难于上青天。

其实支配消费者购买行为的观念可以归纳为两种：其一是消费观念；其二是投资观念。

我们这里所说的消费观念是侧重以节省为主的，消费者认为产品的主要使用功能能满足需要就可以了，最重要的是便宜一点。以销售中、高档家具为例，一张价格相对较贵的床，跟一般品牌的相对比较便宜的床，在功能上可能没有什么大的差异，但价格却高出了50%。如果面对一个典型的消费观念型的顾客，就算他买得起，你也肯定无法做他的生意，因为在他的脑海里，两张床并没有差别，当然买价格便宜的！

而投资观念与消费观念是完全不同的，投资不以节省为重点，而是关注未来的回报。

比如，持投资观念的消费者心中的想法可能是这样的："如果这是品牌货，质量和服务应该会更有保障，会让人更放心。""这一款的设计真的很特别，它会让我的家更显文化品位和时尚的气息，让我在亲朋好友面前更显得体面，贵一点也值得。""这款家具贵一点无所谓，因为它环保、健康，它的分区功能可以培养孩子的自理能力，多花点钱，就算是对孩子成长的一种投资吧！"

消费观念与投资观念是从两个截然不同的角度来看家具产品的，当然得出的结论有可能是完全相反的，一个认为不值，一个认为值。我们不可能祈求我们的顾客完全按照我们所倡导的价值视角去看待消费，我们说价格高出 1000 元的家具更值得购买，但在他们看来多花 1000 元很不划算，他们会认为，有便宜的商品为什么反而去买贵的商品呢？

作为一名优秀的导购员，我们一定要学会将顾客的单一性消费观念转变为现代多元的投资观念，让顾客从简单的家具功能性消费观念中走出来，学会如何从生活、艺术的角度去欣赏家具，学习如何从新的家具文化中去构筑新的生活方式和生活的乐趣，将购买家具当成对享受优质生活的一种投资，这样我们才能更好地引导顾客消费，最终促成交易。

法宝五：将推销观念转变为服务观念

如图 2-4 所示，大宗家具是一个多元素、多层次、范围广、程序多、金额大、人性化的复合产品概念，因此顾客在购买过程中形成了比购买一般商品更复杂的心理过程。导购员如何才能在销售过程中占有主导地位，让顾客对导购员更有信赖感呢？良好的专业化服务可以说是至关重要的。

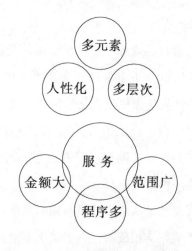

图2-4 大宗家具的复合性特点

如果有人问：服务是满足消费者什么的？对于这个问题，也许我们一下子还真的答不出来。

其实服务就是为了满足顾客的期望。消费心理学的研究表明，消费者的期望得到满足的程度越高，其满意度就越高。作为导购员，我们更关注的是顾客满意后会带来什么效应。消费心理行为学的研究表明，一个满意的顾客会与12个以上的人分享他的美好经验，而当这几个人有同样需求时，几乎100％都会去购买被顾客赞扬过的公司或品牌的产品。

下面我们来探讨一下支撑服务营销的两项重要法则：

法则一：口碑效应

在当今被大量信息包围的生活环境中，人们对每天无处不在的商业广告轰炸已经习以为常了，对街边的路牌也开始视而不见，只有当听到亲朋好友的推荐时才会有所注意。同时，消费者购买某类产品时，最先想到的、最容易做到的就是向亲朋好友和同事咨询。如果导购员能够及时利用消费的这种特性，就会在营销中有所收获。这种利用间接的手段来推销产品的方法赋予了营销新的概念和活力，其富有人情味的营销形式往往会赢得更多的消费者。

（1）什么是口碑效应。

口碑效应是由于消费者在消费过程中获得的满足感、荣誉感而形成对外逐步递增的口头宣传效应。

（2）为什么会产生口碑效应。

我们可以从生物学家的研究案例中发现：存在于动物界的生存形态，在人类社会中同样存在。

科学家在研究鸟类是如何生存与交流时，曾做过这样一个实验：将一头死牛扔在野外，并在附近守候着。有一只乌鸦发现了这头死牛，面对这么一大块肉，这只乌鸦本应独自饱餐一顿才是，如果没有其他的乌鸦发现，这头牛足够这只乌鸦吃上一个冬季了。但事实是，这只乌鸦一口也没吃就飞走了，过了几天，这只乌鸦带来了一群乌鸦，共享了这一"成果"。

对此，科学家重复做了20多次同样的实验，结果都一样。同样的现象，我们在蜜蜂、蚂蚁等群体中也可以发现。原来，生物界中的"口碑效应"是建立在它们生存的本能之上的。

其实道理很简单，如果那只乌鸦保守了这里有一头死牛的"秘密"，从长远来讲，它不一定会过得很好。因为搜寻食物的眼睛越多，大家都能吃饱的机会就越多；如果大家都各自为营，很可能会饥一顿饱一顿的，这样就降低了自我生存的能力。这种生存的本能在人类的身上也明显地体现出来，不但没有因为科学水平和自身生活条件的提升而降低，事实上反而更助长了这样的交流。人类的这种分享其实也是基于自身生存的本能。只有相互分享，大家才会生活得更好，才能少走弯路，节省时间，从而提升生活和工作的质量与效率。

了解人类的分享行为并不是我们营销的目的，营销的目的是进一步了解：什么东西在什么状态下会成为人们日常分享的主题。结果很明显，那就是能让人们满意的产品和服务。

服务已经成为产品不可缺少的一个重要部分。只有高质量的服务，才能让顾客内心得到更多的满足，而只有获得充分满意的顾客，才会将自己的美好体验推介给亲朋好友。当自己把美好的体验分享给朋友时，朋友也可能会与他的朋友一起分享，这样就逐渐形成了销售市场中的"口碑效应"。

（3）如何产生口碑效应。

消费者在购买家具时，其需求是多层次的：第一，也是最基本的，就是生活的需求，即家具的使用功能。在这个层次上，肯定没有口碑效应。第二，是要有好的品质，包括家具的质量、品牌及公司的售后服务体系等。在这个层次上，会更容易满足消费者内心的需要，有可能与朋友一起分享愿望被满足的美好心情，从而使家具形成口碑效应。第三个层次是在消费者的消费能力进一步提高的时候，对产品的更多方面提出了要求，而且视消费能力的不同和个人个性的不同，所要求的产品以及要求达到的程度都略有不同。这个时候只有满足消费者提出的所有要求后才能形成真正的口碑效应。此外有的业内人士还认为消费者在需求上存在着第四层次，他们对家具的需求已经将以上所有的内容看成是家具必备的东西了，所以对这些并不是很在意。他们会按照自己的喜好，对某一方面的要求极高，一旦达到，基本会达成交易。比如某一些品牌产品由于其极高端的定位、鲜明的文化特点，不仅能够在特定的消费群中形成口碑效应，而且也会创造出更大的影响力，这对于品牌形象的宣传也是很有利的。

▶ 法则二：倍增效应

如果有人对消费口碑传播的统计有所保留，认为一个对产品满意的顾客不一定会向12个人进行宣传，那么，我们退一步讲，如果一个对产品满意的顾客只会影响到2个身边的朋友，那么这里已经体现了倍增的法则。

1个变2个，2个变4个，4个变8个，以此类推倍增25次，你知道会有多少客户吗？是33，554，432个！

通过这个简单的法则来分析，就会发现一个满意的顾客可能会带来令人吃惊的变化，这就进一步证实了我们不但必须要有高品质的产品，还要有优质的服务。

法宝六：将推销转变为"体验式销售"

何谓"体验式销售"？就是导购员把顾客购买的全过程看成是一个可感受、可触景生情、可想象和再现未来生活图景的整体体验的空间，站在顾客的角度，来为顾客创造值得回忆和持续愉悦的丰富的购买体验，促进顾客以最直接最真实的方式来理解产品，达到产品价值最大化，从而促成交易。因此，导购员不应只是简单地告诉顾客家具的板材和价格，更重要的是要诱导顾客进入享用家具时的情景。

"体验式销售"其实是驱动人的右脑的一种销售模式。

如图2-5，人的大脑分为左脑和右脑。左脑负责文字和逻辑思维，右脑负责情感、音乐和图像。对于消费者的购买行为来说，左脑是一种间接的驱动，会令购买行为更理性；而右脑倾向于产生冲动，直接驱动购买行为。因此，导购员要掌握右脑推销法，注重向顾客宣传使用家具时的切身感受，调动顾客的右脑神经，使顾客尽快产生购买欲望。

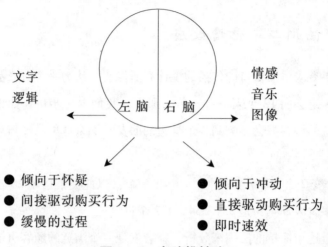

图 2-5 右脑推销法

"体验式销售"法可以从以下两个方面来应用于终端：

其一，是将家具以套装的方式展现现实的家居摆设。无论是睡房还是客厅，都将按照家具的完美配搭，陈列出不同风格和个性气氛的样板，让消费者能直观、逼真地体验每一件家具在真实家庭环境中的效果。

其二，是通过导购员的语言描述来勾勒和表达家具所创造的生活方式。

例如在推销一套"四区一体"的儿童家具时，导购员可以这样表达：

"太太，'四区一体'的意思是通过这套儿童家具的合理配置，巧妙地将孩子的房间划分为四个不同的区域，即学习区、休息区、游乐区和储物区。这种分区的功能有两大好处：第一，可以让孩子生活的空间更加人性化、条理化和舒适化；第二，也是更重要的目的，就是可以从小培养孩子自我管理的良好习惯。试着想一想，如果孩子从小就因为这套家具而培养出自我管理的优秀品质，那么就为他将来的成才打下了一个良好的基础。"

这样的语言表达充满了图像、想象和对孩子成长的关爱，这就是在驱动顾客的右脑，右脑是顾客最后决策的号令者。相反，如果驱动左脑，顾客的行为就会变得举棋不定、犹豫不决。

法宝七：将推销转变为"顾问式销售"

传统推销是一种角色单一、层次单一的单向推介模式。因此，在产品越来越多元化、客户的品位要求越来越高、市场竞争越来越激烈的情况下，导购员要想驾驭越来越复杂的销售过程，就必须要掌握更高层次的销售模式，而"顾问式销售"就显得非常重要。

"顾问式销售"的核心理念是：强调站在顾客利益的角度，关注顾客的需求，认识和把握顾客的消费心理，发现销售各环节存在的问题，并利用已有的资源（产品、服务、优势）有效地解决问题。正如医生先为患者诊断后开方一样，药到病除之后，医生才会得到患者的尊敬，故该理论又称"医生式销售理论"。

"顾问式销售"更多关注的是服务意识和实战应用的效果，这与行业一贯推行的以诚信服务为宗旨的营销管理理念相符。"顾问式销售"简单地讲，就是要求导购员能够根据不同的情景、需求，灵活地扮演不同的角色，如图2-6所示。

图2-6 "顾问式销售"的三大角色

其中的三个主要角色是：

▶ 专家角色

专家角色意味着导购员必须透彻地了解相关的专业知识，在销售过程中能为顾客解答和解决各种疑难问题，成为顾客的好参谋、好帮手。

▶ 长期盟友角色

长期盟友角色要求导购员将每一位顾客看作一种可以不断开发的资源，而不是一次的买卖对象。

▶ 组织者角色

组织者角色要求导购员善于将公司的各种资源，尤其是后台的资源组织到销售的前台，来满足顾客的需求。

我曾培训过的一家百货公司向我反馈了这样一个"顾问式销售"的案例：

某天，负责电视销售的销售员接待了一位顾客，经过双方初步的沟通，她了解到这位顾客要买 5 台电视机，这一下引起了她的"警觉"，于是继续深入了解顾客。原来这位顾客的别墅刚装修好，今天是出来采购的。当她了解到这些情况以后，及时向公司领导通报了这个信息。公司马上派出更高层的人员进行公关，提升整个接待的规格，让顾客感受到公司对他的尊重，使他既得到了最专业的指导，又得到了最便利快捷的服务和最优惠的折扣。结果这单生意做下来，公司售出将近 40 万元的物品。

法宝八：将刻板的工作态度转变为热情友善的态度

销售行业里有句话说："没有热情如何打动顾客？"

我们常常听到有人这样抱怨：某某公司的导购员态度太恶劣了，问他问题时爱理不理的……

要成功地完成一次销售，除了专业地、有针对性地推介产品外，营造良好的互动、沟通、交流的氛围也非常重要。顾客购买家具虽然是一种非常理性的行为，但心理学的研究结果告诉我们，任何理性的个人决定，最终都会受制于人的感性因素。顾客在消费过程中的感性因素很多，其中对导购员的感觉一般占有重要地位。

人的情绪是会相互感染和传递的，因此，如果一位导购员在接待顾客的过程中始终能表现出热情友善的态度，顾客一定会对他产生好感，并乐于与他交往。

我每次为家具企业做培训前，都会假装成顾客到他们的卖场走走，看看那里的导购员的工作情况，希望发现一些存在于销售中的问题，以便在培训中能结合实际。我在调研中发现一个普遍的问题，那就是导购员待客的态度十分重要，直接影响顾客的决策。现在顾客消费越来越注重在购买过程中的自我感受。对消费心理的研究结果表明，顾客在购买过程中的感受好坏已成为影响其是否购买的重要因素。无数销售失败的案例都表明，并不是顾客不喜欢产品，而是不喜欢产品的导购员。因此，对那些不尽心工作、以貌取人、表情木讷的导购员，我归纳了一句顺口溜来形容："有路程就无心情，有过程就没热情。"

怎样才能有效地改变导购员这种"灰色的工作情感"呢？其实态

度背后就是心态。导购员首先应该建立起专业的心态——喜欢和尊重顾客就等于喜欢和尊重自己的工作,就等于喜欢和尊重自己。只有热爱工作的人才会热爱顾客,并取得顾客的认同和销售的成功。

有一位作家是这样讲述他的一次购买经历的:

有一次我在纽约的第五大道逛街时,突然想起要买一双袜子,于是当我看到了第一家袜子店,就进去了。

"欢迎光临,先生您需要些什么?"一位年轻的小伙子迎面而来,向我询问道。

我看到这位小伙子的眼睛散发着友善和热情的光芒,就说:"我想买双袜子。"

"好的,先生,请到这边来。"小伙子领我到一个展架前,他有点激动地问我,"先生,您是否知道您来到的是世界上最好的袜子店?"

"真的是最好的吗?"我应了他一句。

"是的,您看这些都是最高质量的袜子。"小伙子边说边从展架上拿下各种不同款式的袜子放在我的面前。

"等等,小伙子,我只是要买一双!"

"没问题,我只是希望能让您多看一些,多好的袜子啊!说不定这里就有您的亲朋好友喜欢的,如果他们有需要,您把他们介绍过来,他们一定会感谢您的……"

小伙子脸上洋溢着那种神圣的专业精神,就像在向我启示他所信奉的宗教一样,他不像在工作,而是像在享受着一种自己非常喜欢的游戏。太棒了!我被他吸引住了。临走时,我对他说:"小伙子,如果你能一直保持这样的热情和激情,如果你能天天如此,不久的将来,你一定会成为一名销售高手!"

从这个故事中我们应受到启发,作为一名导购员一定要将沉闷的销售洽谈转变为精彩的表演,要做到热情有礼、不厌其烦、有问必答、不虚不假、说到做到,具有专业精神,将自己的热诚融入工作中。

法宝九：将顾客的拒绝视为成交的契机

销售行业有句名言："成交从拒绝开始！"

的确，在销售的过程中，导购员碰到顾客拒绝的可能性远远大于销售成功的可能性。许多时候，与顾客的洽谈刚开始，导购员就遭受了"一盆冷水"。对顾客消费心理的研究表明：顾客一般在拒绝四次之后就会开始考虑购买。因此，如何正确对待顾客的拒绝，是区分优秀的导购员与平庸的导购员的一个重要方面。

在一次培训前的咨询会上，有位导购员谈及自己的一些感受时说："每天当我很用心地接待第一位顾客，满怀希望地去做产品介绍，然而得到的却是顾客的一句'我要再考虑考虑'，然后离我而去时，那种打击会令我一整天的情绪都十分低落……"

很多导购员简单地把顾客暂时的拒绝看作是一次销售的失败，并由此放弃努力，这是一种非常幼稚的推销"情绪病"。其实拒绝既是一种挑战，又是一次机会，它只是向导购员发出新的工作信号：现在你应该根据顾客新的问题做出新的反应和适当的调整，并继续努力将销售进行下去。关于这一点，我们将会在销售五步循环的第四步——"处理异议"中进行详细的论述。

总之，导购员应建立这样一个信条：任何拒绝都应被视为一个成交的信号或机会。

法宝十：将顾客抱怨的话作为工作的动力

销售行业有句名言："没有抱怨的就不是顾客！"

不断完善，这是进步的不二法则。而完善从哪里开始，这正是问题的关键。

通过观察众多导购员的工作，我们发现这样一种现象：有的人进步很快，他们一个月就好像走了别人一年走的路；相反，有的人则进步很慢，他们一年才走了别人一个月就走完的路。进步很慢的原因当然会有很多，但其中重要的一条就是自我完善的动力不强。

要实现自我完善，就要建立一种"积极的不满意识"。什么是"积极的不满意识"呢？我认为可以从以下两个角度来看：

第一，严格要求自己。对自己永远怀有一种积极的自我不满意识，树立"没有最好，只有更好"的信条，不断地去反省自身的不足并加以完善，这样才能创造出一种自我进步的动力。但我们会发现，每个人都会把自己的所作所为变成习惯，对自己的不足也会麻木。因此，将进步完全建立在自我发现的基础上是不可靠的，所以，我们需要外部的监督。

第二，要从外部的即顾客的角度来认清自己的不足，并加以改善。其实，顾客的抱怨就是一种很可贵的资源，任何销售工作都是为了追求最高的顾客满意度，而当顾客有所抱怨、对我们的工作不满意时，这恰恰说明我们的工作还有不足和需要改善之处。因此，我们要将顾客的每一句抱怨的话都作为改善自己工作的一面镜子，及时发现自身的问题所在，并及时地加以解决。这样才会不断超越自我，超越别人，从而使自己成为一名优秀的导购员。

有一项调研指出：
①会抱怨的顾客只占5%~10%；
②85%的有意见而不抱怨的顾客不会再来；
③如果导购员把抱怨处理得好，那么90%的顾客还会再来；

④满意的顾客会向 12 个以上的人宣传，当这些人有同样需要时，往往会光顾满意的顾客所赞扬的公司；

⑤不满意的顾客会告诉 20 个人以上，当这些人有同样需要时，几乎 100% 不会光顾被不满意的顾客所批评的公司；

⑥把抱怨的顾客的问题解决好，他们会转变为忠诚的顾客；

⑦每开发一个新顾客的成本是保留一个老顾客成本的 5 倍；

⑧流失一个老顾客的损失，要争取 10 个新顾客才能弥补。

根据以上的调研结果，我们可以进一步明确：在销售过程中，导购员正确地处理顾客的抱怨是至关重要的。顾客的抱怨可以成为导购员的一面镜子，使我们看到自己的不足，从而能够取得更大的进步。

作者建议

对于导购员来说，产品要卖得好，销售业绩要上去，首先要从观念上来解决问题。观念是本，如果观念不正确，思路不对，行为和结果就会出现偏差。因此我们建议家具导购员经常检讨和反思自己的销售观念，看看有没有需要调整和完善的地方。当业绩不好时，不要盲目地抱怨，不要把问题归结到市场、客户和产品上，也许问题就出在自己的观念上。

Part 3 训练宝盒三
技巧篇

点石成金：种植的故事
第一步：寒暄（接待及接近顾客的技巧）
第二步：了解背景（顾客的需求、要求及问题）
第三步：产品介绍（介绍产品卖点的各种技巧）
第四步：处理异议（解决顾客的疑难问题）
第五步：促成交易（销售完成的技巧）

点石成金：种植的故事

有一个学习种植珍奇植物的园艺班，教授做了一个实验。他单独约见了班上的每一位同学，交给他们每个人一个信封，说道："你在班上表现不错，信封里有我为你挑选的一颗最好的种子和如何栽培的秘诀。希望三个月后你能带着最好的作品回班里参赛。"

每个同学都因为得到了教授的特别恩赐而感到非常高兴，心想冠军一定是非己莫属。

三个月后，同学们各自带着自己的作品回到班上参赛，但显而易见，大家的"作品"水平相差很大，有的两手空空回来，因为种子死了；有的带回来的质量很差，不开花；有些较好一点；有的很棒。为什么会这样呢？

这时，教授说："其实我是跟大家做了一个实验，我将全班的同学分成了四个小组，四个小组得到的种子都是一样的，但所教授的种植方法是不同的，所以就造成了今天结果不一的现状。"

教授讲到这里，请第一组的同学先展现他们的作品，但第一组的同学大部分都是两手空空，因为种子几乎都死了。为什么会这样呢？教授说：

"第一组我是这样告诉他们的，我说这是最好的种子，无论怎样种都会生长得很好。其实是没有告诉他们正确的方法，所以大家看到了目前的状况，这也就表明：不讲方法、不依科学办事的结果就是失败。"

接着教授又请第二组的同学展现作品。第二组看上去明显要比第一组强，大家都带回来了作品，但有大部分是不开花的。这时教授又说：

"我告诉了第二组种植的几个大步骤，所以他们都基本成功了，但结果是不理想的。"

教授又请出了第三组的同学展现作品。第三组的质量看起来明显比第二组好多了，都开花了，这时教授又说：

"第三组之所以要比第二组好，是因为我不仅告诉了他们种植的几个大步骤，而且还将每一步骤中的每一个细小的环节和技巧都教给他们了，所以他们能做到精耕细作，结果自然就更理想些。"

教授请出第四组的同学展现作品。第四组是全班种得最好的，枝繁叶茂。教授满意地看着这些高质量的作品，跟大家解释道：

"第四组是在第三组的基础上，我又多教给他们种植的一些法则，他们运用这些法则就能够做到因地制宜，无论气候、环境有什么变化，他们都可以做出适当的应对，所以他们的作品是全班最好的。"

最后，教授总结说：

"我想通过这次实验告诉大家这样一个道理：种植同样有它自身的科学和奥妙，而不是随意玩玩就可以出珍品的。"

其实，如果将这个道理引申到销售工作也是可以适用的。导购员就好像是公司在市场上播下的一粒粒种子，如果我们不以科学的态度去培育它们，那么要想这些种子变得枝繁叶茂是不可能的。因此，下面就让我们来研究栽培这些"种子"的流程、技巧与相关的法则吧！

第一步：寒暄（接待及接近顾客的技巧）

导购员能否从顾客的手中成功地得到一次推销的机会，那就要看导购员与顾客寒暄的几分钟里能否打动顾客的心了。

乔治·伊斯曼因发明了感光胶卷而使电影得以产生，他积累了高达1亿美元的财产，成为世界上最有名望的商人之一。

伊斯曼建了一所音乐学校，为了纪念母亲，打算再建一所戏院。当时纽约生产高级座椅的某公司的总裁亚当森想得到戏院两幢大楼的座椅的订单。在见伊斯曼之前，伊斯曼的建筑师告诉亚当森说："如果你占用伊斯曼的时间超过5分钟，那你就没有希望了，他说到做到。"

亚当森被领进伊斯曼的办公室时，伊斯曼正埋头工作。过了一会儿，伊斯曼才抬头打招呼："早上好！先生找我有事吗？"亚当森满脸诚意地说："伊斯曼先生，在恭候您的时候，我一直很羡慕您的办公室。假如我自己能拥有这样的办公室，即使工作再累我也不会在乎的。您知道吗？我从事房子内部的木建工作，我一生中还从未见过如此漂亮的办公室呢！"

伊斯曼非常高兴地回应道："您很有眼光，而且提醒了我，我差点将这些都遗忘了。刚建好时，我自己每天都静静地欣赏房间的一切，但现在工作忙，根本顾不上多看它一眼。"

亚当森走近伊斯曼的办公椅，用手来回抚摸着眼前的每一件物品，那种神情就如抚摸着自己心爱的宝物一样。

亚当森自言自语地说："这是用英国的栎木做的，英国栎木的组织和意大利栎木的组织就是有点儿不一样，一般人根本不知道……"

伊斯曼听着听着，慢慢就被亚当森的专业和专注的神态打动了，不由地回应道："不错，这是从英国进口的栎木，是我的一位朋友为我精心挑选的。"

接着伊斯曼带着亚当森参观了房子的每一个角落,还让他看当年的设计图,并说自己也参与了设计工作。他又打开了一个箱子,拿出了他的第一卷胶片,向亚当森讲述了自己早年的奋斗历程,说到了母亲的辛劳……

接着伊斯曼对亚当森说:"来,请到我家去,我们共进午餐,饭后我们再谈生意……"

午饭后,伊斯曼又让亚当森看了自己从日本买回来的几把椅子,而且说这是自己买回来后亲自动手重新油漆的,对此伊斯曼倍感自豪,亚当森自然是对此大加赞赏。

最后,亚当森轻而易举地取得了那两幢楼的座椅生意。

家具销售"十二字要诀"

一看:看人、看物、看环境、看机会;

二问:了解需要、了解要求、了解喜好、了解预算、了解性格;

三说:介绍产品、介绍公司、介绍品牌和服务;

绕圈:带着顾客围绕着家具从不同的角度去欣赏;

触摸:让顾客多触摸产品;用手移动家具,变换组合款式;

躺坐:让顾客在床上、沙发上躺一躺,坐一坐,体验产品的舒适度和功能效果。

接待礼仪及注意事项

当顾客进入门店时,导购员应给予顾客热情的接待。接待的基本动作包括:主动招呼"欢迎光临",提醒其他导购员注意,帮助顾客提拿大件随身物品,放置衣帽或雨具等。导购员在接待顾客时要注意:

> 应仪表端庄、态度亲切;
>
> 接待顾客时或一人,或一主一副,以两人为限,一般不要超过三人;
>
> 即使不是有意购买家具的顾客,也应注意礼貌和个人仪表,要给顾客留下良好的印象;
>
> 生意不在情谊在,顾客参观完要将顾客送至门口或电梯间。

除此之外,导购员在接待时还要注意打招呼的技巧、递送名片的技巧、空间管理技巧、礼节和礼仪,并要尊重顾客的"安全地带"。

▶ 打招呼

(1) 致欢迎语。

一般顾客到来时,我们都要例行说出欢迎语,例如:

①欢迎光临,请问先生(小姐)有什么需要帮助的吗?

②欢迎光临××品牌专卖店,先生(小姐)来看家具吗?这边请……

(2) 致问候语。

如果遇见光临两次以上的熟悉顾客,我们就要致以亲切的问候或恰当的赞美，而不能一句欢迎光临就草草了事。例如："张太太，张先生，早上好，二位今天容光焕发，真是人逢喜事好运当头啊……"

▶ 递名片技巧

递送名片是销售礼仪的一个重要环节，很多导购员在递名片时都会犯以下的错误：

（1）递名片的时间选择错误。

很多导购员在顾客到来时，就匆匆地上阵进行家具的介绍；到整个销售临近尾声，顾客表示要回去再考虑考虑时，导购员才本能地与顾客交换名片。但在这一敏感的时刻，你要想拿到顾客的名片或联络电话，往往难度很大，因为顾客此时会感到你的动机很明显，就是要在他离开后，进行跟进联络，很多顾客为免除这种"打扰"，自然就会拒绝。因此，递名片正确的时间应该在接待初期，理由有三：

①递名片就是进行自我介绍，让顾客了解你的姓名，知道如何称呼你。

②当你递上名片后，向顾客索取名片或请教尊姓大名就变得顺理成章。

③双方交换了名片就等于打开了一扇沟通的大门，为销售作了一个重要的铺垫。

（2）递名片的动作不规范或错误。

①递名片时，名片正向着自己、背向着顾客是错误的。正确的方法是名片正向着顾客，目的是让顾客接受名片时，同时迅速阅读相关的信息，如图3-1所示。

②递名片时，拿名片的手势和速度也应注意。很多导购员在递送名片时速度过快，而且手拿着名片时，遮挡住了公司的名称、徽标或自己的姓名。

正确的动作是双手（或单手）拿着名片的角位，中速自然地从胸前递向顾客,让顾客在接受名片时能感受到你对他的尊重,能很自然地做出礼节性的回应。

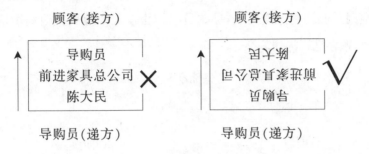

图3-1 递送名片的方法

③递名片和接名片时,人们都会犯一个通病,即手动嘴不动。正确的方法是:在导购员递名片的同时,要配合着动作进行自我介绍。例如递名片时配合着说:"我姓陈,请多多指教……"或"我叫张丽萍,公司的同事都叫我丽萍,您叫我丽萍就可以了。"

接名片时,也要进行口头上的配合,应该迅速读出对方的姓名和职位,以表示尊敬。例如当导购员接受对方名片时,配合着讲"张总,多谢……"或"张总,很高兴能认识您……"等。

④接受了顾客的名片后,导购员一般应将名片放在桌面上,以便反复阅读相关信息并牢记顾客姓名。此时导购员容易犯的错误是将顾客的名片放得东倒西歪,或用文件压着,甚至不小心掉到地上。所有这些不规范的动作都会有损导购员的专业形象,使顾客觉得没有受到尊重。

> 名片是人的身份、尊严的象征,交换名片是销售的一道礼仪的大门,意义重大。

空间管理技巧

所谓空间管理就是指导购员在销售过程中应合理安排与顾客相处的位置。相处的位置得当,有利于沟通并营造和谐的气氛;相处的位置不得当，会给沟通造成障碍。

如图3-2所示，一般与顾客相处的空间位置可分为"理性空间"、"恐怖空间"和"情感空间"。导购员在销售过程中应更多地利用情感空间来与顾客进行沟通。

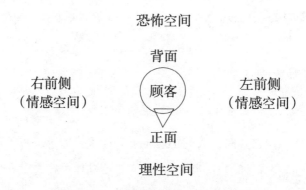

图3-2　销售过程中的空间管理

"理性空间"一般更多地用于庄重、严肃、正规的会谈、会议等，在销售中面对面的情景也很多，比如相隔柜台时我们与顾客是正面相对的，签约、收款等运用理性空间会使气氛更严谨、更认真、更专业。

"恐怖空间"一般会让人有不安的感觉，它会是一种沟通的障碍，因此导购员在推介家具的过程中，要注意避免这种与顾客相处的位置。

"情感空间"，顾名思义，这种与顾客相处的空间位置更有利于缩短彼此间的心理距离，建立融洽的友情。

▶ "礼节三杯"

中国有句老话：礼多人不怪。销售行业也有句行内话，叫做"礼节三杯"。

销售是最讲究礼节的工作之一，因此，专业的导购员就更要强调礼仪修炼。销售礼仪与饭桌上的前三杯酒有共通之处——为了融洽气氛，先敬三杯。销售也一样，为获得客户的好感和认同，我们也先敬"三杯"，这"三杯"是什么呢？就是微笑、赞美和尊重。

（1）敬客第一杯——微笑。

微笑是不需成本、回报却较高的一项投资。我们每个人都会有同样的经验：当你进入某家商店接触到某位导购员时，如果他笑脸相迎，你的心情立即就会受到感染。心理学的研究表明，人的情绪传染是最强最快的，比最强的病毒的传染力都要高1000倍。正面情绪会驱动正面的购买行为，相反，负面情绪会带来负面的行为——拒绝。

中国传统商业文化中有句俗语讲得好："人无笑脸莫开店。"难怪世界酒店业大王希尔顿先生无论到哪里巡视业务，首先都要看员工是否面带微笑。他说："经济可以有衰退，但我们员工的微笑永远不能衰退。"日本保险界的推销之神原一平成功的秘诀之一就是他非常用心去研究微笑，并运用于推销中。

（2）敬客第二杯——赞美。

如果第一杯是"敬脸"，以笑脸换笑脸，那么第二杯就是"敬言"，以美言相赠，以美言换美心。人是有感情的，有喜欢被赞美的天性，往往一句简单赞美的话都会令顾客感到无比温馨，进而化解彼此之间的生疏感，从"你"、"我"变成"我们"。

记得有一次我与几位同事到外地出差，晚上经过一家商场，便随意进去走一走，经过好几层楼和好几十个专柜，唯一能让我们停住脚步的是一个领带专柜。那位女营业员一见我们过来就主动上前寒暄："几位先生仪表堂堂，一看就是商界成功人士；这位先生一身名牌装扮，更显得气质非凡；而这位先生，我觉得不但衣着讲究，而且您用的这个公文包也是价值不菲啊！而这位先生呢？……"我们不知不觉在享用着这一杯杯免费的"美酒"，并陶醉其中，气氛一下子就变得融洽起来。接着，这位营业员将话锋一转，说："虽然几位先生的衣着与气质、个性都配合得接近完美了，但你们发现了吗，如果对于某些小局部再进行新的搭配，您的整个形象就会再上一个层次……"接着，她取来了几款领带，分别在我们每个人的身上比试，并赞美了一番……最后我们每人都买了两条领带和一些其他的配饰品。走出了店门,其中的一位同事说:"其实我的领带多得都可以开商店了,但我从来没在一次购物中听到过那么多赞美的话语,冲着她的那张讨巧的嘴巴,我也要买两条……"听到这句话,大家都笑了起来,都明白我们成了美言的俘虏。

的确,在销售中,从某种角度来讲,有时赞美顾客比介绍产品更重要。难怪俗语说:"美言一句三冬暖,恶语伤人六月寒。"如果导购员在向顾客介绍家具的过程中能运用好赞美这杯美酒,就能让顾客"醉卧"销售厅,轻松愉快地达成交易。

在赞美顾客时,导购员要掌握以下5个原则:

①必须发自内心,不可信口开河、矫揉造作。一旦让顾客察觉你言不由衷,满口假话,以后的销售环节将会很难继续下去。

②具体而不抽象。与其说:"小姐,您长得好漂亮!"不如说:"小姐,您长得好漂亮,尤其是您的眼睛乌黑明亮、大而有神,真令人羡慕。"

③应就事论事,不可言过其实,否则会变成溜须拍马、摇尾乞怜,效果反而不好。

④贵于自然,应赞美顾客于无形之中,使顾客不觉得我们在赞美他。

⑤适可而止,见好就收,当然效果不好更应该停止。

对于不同的顾客,可从不同的角度去赞美:

➡ 当顾客头衔是"经理"、"董事长"、"负责人"时

"先生这么年轻就当上一家公司的经理(老板),实在不简单,事业一定很顺利吧?哪天有机会可否向您请教事业成功的秘诀?"

"先生这么年轻就主管好几家公司,而且每一家企业都获利颇丰,可否请您开班传授,让我们有机会学习学习?"

➡ 当不知顾客头衔时

"看先生相貌堂堂、仪表出众,一定是公司的老板吧?什么,是业

务代表？您太客气了，即使真是如此，相信不久的将来，您一定会成为一流的大企业家，我祝福您。"

"看先生这么年轻就有能力购买这么贵重的家具，真令人羡慕，如不是高级白领是无法做到的，请问您是贵公司的高级主管吧？"

➡ 当公司知名度很高时

"先生能在这家公司服务，实在是不容易，听说要想进入贵公司，必须有良好的知识和技能，且须经过层层考试，可否请您指点一下，将来我要想到贵公司上班，现在该如何准备呢？"

"贵公司的产品信誉良好、有口皆碑，内外销均做得很成功。对了，所谓××（提一下该公司的产品）是什么样的产品呢？可否解释一下？"

等他回答后再适当赞美其丰富的专业知识，则效果更佳。

➡ 当夫妻同来或携子女参观时

可在先生面前赞美太太，在太太面前赞美先生，在夫妻面前赞美小孩。如：

"先生实在很有福气，能娶到这么贤惠的太太，还不到30吧？什么，快40了，而且已经是一个孩子的妈妈了？实在看不出来，真是驻颜有方、保养有术。"

"太太您实在是有眼光，嫁了这么体贴且又有责任感的先生，事业又这么成功，真了不起，人称成功的男人背后一定有一位贤淑的夫人，今天见您一面，实在当之无愧。"

"小妹妹（小弟弟），你今年几岁了？好可爱，长得跟妈妈一样漂亮，尤其是这双眼睛又大又漂亮。"

➡ 当全家一起来参观时

"老大爷您红光满面,身体又健康,而且有一位杰出的公子及贤惠的媳妇,真是好福气!"

➡ 当单身贵族来参观时

"小姐,像您这么年轻就买得起这种高价位的家具,实在不简单,尤其您这份丰厚的收入可不是一般人能达到的,上苍待人实在不公平,为什么把所有的优点都集中在您身上呢?"

(3)敬客第三杯——尊重。

期望获得尊重,是人性最深层次的需要,这种需要尤其突出地反映在购物的过程中。因为人们在物质上越是富足,就越注重高层次的心理满足,就越希望能用物质换取到别人的认同和尊重。

有位导购员分享自己成功的销售经验时说:有一次,我接待了一位比较高傲的顾客,一般说来,具有这种性格特征的顾客,其一切举动都要表现自我的权威和专业,因此,他期望的就是别人对他的服从、认同、奉承、赞美和尊重,获得尊贵感会使他有胜利和满意的终极享受。掌握了这位顾客的基本特性后,我也确定了自己的行动策略,那就是微笑、点头、请求。例如当顾客在发表个人见解或提出异议时,我更多的是保持一种宽松自信的微笑,不断以点头的方式来表明我在专心聆听并认同他的意见,让他感受到我对他的尊重。当我就一些问题发表个人意见时,我就会以请求的方式说:"先生,我可以就这个问题为你补充小小的参考意见吗?"最后签约成功了,我还请求他是否可以就我的工作提出宝贵的意见,这位先生回应了一句:"你是我遇到过的最有耐心和态度最诚恳的导购员。"

从这个案例中,我们可以看出,当每位顾客走进展厅时,他们都同时打开了自己的一扇期待的心扉,希望我们的导购员能满足他获得尊重的需要。

礼仪技巧

(1) 第一印象定成败。

要成为一名出色的导购员,在商务礼仪上也要注意细节。销售业有一句行话叫"第一印象定成败"。这话听起来有些绝对,但仔细推敲并不是没有道理,它强调了人们在判断事物时往往有先入为主的心理倾向。如果在见面之初,你作为导购员就能给顾客留下良好的印象,那么即使在某些地方你做得不足,顾客也会原谅你,而且还会想方设法往好的方面来理解你;相反,如果顾客一见面就对你印象不佳,那往后的销售环节也将变得很难进行。这就是"印象一线之差,结果天壤之别"。

如何才能获得顾客良好的第一印象呢?消费心理学的研究告诉我们,构成良好的第一印象有三大要素:

第一是语言,即文字内容,比如"大家好",这三个字是语言部分,占了重要性的7%;

第二是语调,即讲话声音的抑扬顿挫,轻重缓急,它是一种音乐的节奏感和旋律,占了重要性的38%;

第三是视觉,即顾客所看到的一切有形的表现,比如我们的态度、衣着、肢体语言等,占了重要性的55%。

由此可见,礼仪上的每一个细节都与最终的成交密切相关,切不可掉以轻心。

> **导购员的形象**
>
> 衣着：要大方得体、清洁整齐；
>
> 眼神：表现出诚意和认真的态度，配合点头等回应；
>
> 手势：适当地配合语言展示，不要夸张；
>
> 精神：热情、乐观、自信、喜悦；
>
> 体味：可适当喷些香水，但不能过于浓郁；
>
> 化妆：女性清雅大方，以淡妆表现严谨内秀，男性不要化妆；
>
> 工作环境：销售厅不主张抽烟，应保持空气清新和整洁；
>
> 握手：略带诚恳的力度，不能随便应付；
>
> 开场白：简练而快捷地导入正题；
>
> 自我介绍：告诉对方自己的姓名。

(2) 仪表四要点。

①语言能力。

语言是个人素质的色彩。导购员应努力锻炼自己的语言表达能力，好的表达与用语的恰当对于提升个人形象有很大的助益。

②演讲的艺术。

我喜欢将销售比喻为专业演讲，这样可以提示自己将工作的标杆提高，将工作的激情提升，从而有利于推动自己的进步。

③衣着。

俗语说"物靠包装，人靠衣装"。衣着是人们视觉的中心，因此导购员的专业形象和个人气质，很大部分会在个人衣着打扮中表露无遗。作为工作服装，款式应以职业装为主，要求整洁大方。

④肢体语言。

肢体语言是个人专业修养的一扇窗户，很多人满腹经纶，但在社交场合就显得笨拙和可笑。在现代商业社会，个人的外在礼仪知识同内在文化知识是同等重要的,不要认为"这些是表面的东西,我们注重的是实际知识,注重内涵"。

★友情提示

获取顾客好感的六大要诀

➡ 注重先入为主的效果

给顾客留下良好的第一印象是获得信任的开始,因此,塑造专业导购员的良好形象是使顾客产生好感的一种方式。

➡ 注意顾客的情绪

生理周期、感情、工作压力等都会影响一个人的情绪,人的情绪状态有高潮期及低潮期,顾客情绪的变化是你无法事先掌握的。因此,当你初次面对顾客时,如果感到顾客陷于情绪的低潮,注意力无法集中,你最好能体谅顾客的心境,见机行事或另约下次会面。

➡ 给顾客良好的外观印象

人的外观也会给人以暗示,因此,导购员要尽量使自己的外观给初次会面的顾客留下一个好印象。

➡ 让顾客有优越感

每个人都有虚荣心,满足虚荣心的最好方法就是让对方产生优越感。使人产生优越感最有效的方法就是对于他引以为荣的事情加以赞美。顾客的优越感被满足了,初次见面的警戒心也自然就消失了,彼此之间的距离也拉近了。

➡ 替顾客解决问题

导购员如果能事先知道顾客有哪些问题困扰着他,并能以关切的态度站在顾客的立场上,表达你对顾客的关心,让顾客感受到你愿意与他共同解决问题，他必定会对你产生好感。

➡ 做个快乐的人

快乐是会传染的，没有一个人会对一位终日愁眉苦脸的人产生好感。能以微笑迎人，能让别人也产生愉快的情绪的人，也是最容易争取到别人好感的人。

▶ 尊重客户的"安全地带"

人们在任何时间和场所都会在潜意识中筑起一道自我保护的"围墙"，"围墙"内的范围就是他的"安全地带"，或称心理舒适区，如果有人入侵了，他就会感到不安或有受威胁的压力感。

我们常常会遇到一些顾客，他们会暂时拒绝导购员的接近和拒绝他提供的销售介绍，喜欢自己看。如果遇到这样的顾客，导购员就要注意尊重顾客的选择，不要强闯顾客的"安全地带"，给顾客带来不安和反感。正确的待客应该是礼貌地让顾客自由参观，自己站在两三米外的地方，静候顾客的求助信号或见机行事。

我们每个人都有过类似的购物经历：如果你不需要导购员贴身推介产品，而对方硬缠着你不放，这时你就会反感地一走了之。这就是好心办坏事的销售行为所引发的后果。

★友情提示

接待顾客的 30 个要点

➡ 站在顾客的立场考虑问题。

➡ 使顾客容易找到你。保持平易近人的态度，要有亲和力，不要势利眼。

➡ 随时为顾客提供方便，让顾客感受到热情。

➡ 要守时、认真、随时询问顾客的需求。

➡ 让顾客有一个自由的空间，让他四处看看，这样会培育顾客的归属感。

➡ 必须对家具了如指掌，要以专家和顾问的身份引导顾客。

➡ 要与顾客建立朋友式的关系。

➡ 坚持准确无误地执行订单（认购书）的原则，但对顾客的特殊情况提供灵活措施。

➡ 即使成交后，也要与顾客保持联系，传递最新信息，包括顾客推荐新顾客购买的优惠措施。

➡ 为顾客付款提供方便。

➡ 按时交付使用，承诺要有实质内容，并要兑现。

➡ 合情合理地为顾客退款提供方便。

➡ 对带来业务的顾客提供奖励。

➡ 为广告播出后可能出现的情况做好各方面的准备。

➡ 认真倾听顾客的咨询和意见，并及时记录；设立顾客服务部，及时反馈意见，为不满意的顾客提供解决的办法。

➡ 倾尽所能，帮助任何想得到帮助的顾客。

➡ 让老顾客成为我们的宣传大使，让一部分老顾客在顾客联谊会上现身说法。

➡ 让顾客时刻感觉到我们在关心他，让他不断得到实惠。

➡ 导购员之间应研究和交流顾客流失或不成交的原因。

➡ 组织顾客联谊会或俱乐部，不断举行各类可以让顾客参与或得到实惠的公关活动。

➡ 把最得力的导购员派到服务第一线，教会导购员回答最基本的问题。

➡ 准备必要的宣传品，让顾客得到更多的信息。

➡ 适当派一些员工去"偷听"、了解同行和顾客对我们的意见，以求自身得到改善。

➡ 对于任何营销计划都要进行评估，了解同行和顾客对我们策略的反应，以求改善。

➡ 记住：卖场和导购员个人的第一印象是最重要的。

➡ 将顾客的投诉消灭在萌芽状态，想尽一切办法，不要使产品、服务被媒体批评或曝光，尽量做到大事化小，小事化无。

➡ 想尽一切办法包装、炒作自己，让全世界的人都知道。

➡ 随时了解竞争对手，明白与他们相比，我们的优势和劣势在哪里。

➡ 兑现承诺，否则就不要承诺。

➡ 记住质量第一，永远是质量第一，这是制胜的法宝。

情景训练一：当顾客进入店内时

➡ 技巧一：打招呼

（1）"欢迎光临××家具专卖店……"
（2）"请随便参观选购。"
（3）"请问您有什么需要？"
（4）"请问您希望选购哪类家具？是床还是沙发？（是木沙发还是皮沙发？）"

> ★ 动作规范
>
> ➡ 微笑；
>
> ➡ 躬身；
>
> ➡ 递名片；
>
> ➡ 索取名片及登记。

➤ 技巧二：吸引注意力

（1）"先生（小姐），给您推荐几款最新流行的家具好吗？"

（2）"如果我能给您的家庭提供一个整体的家具搭配，我相信您会感受到我们××品牌专卖店不仅仅是卖家具，更是一家专业的顾客家居形象顾问公司……正如一个人的着装如果得到专业的指导，他就会更添魅力一样，如果您的家居设计能得到我们专业的意见指导和高品质的家具支撑，那一定有与众不同的感觉……"

（3）"先生（小姐），以您的眼光和喜好，您认为哪一种款式比较好看？"

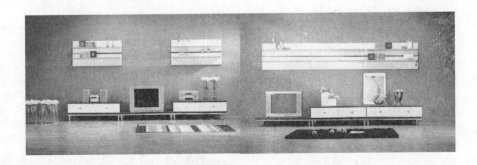

▶ 技巧三：赞美对方，获取好感

（1）"小姐，第一眼看到您，就感觉您有一种说不出的特殊气质。"

（2）"这个挎包是您自己选购的吗？非常好看……"

（3）"小姐，您很像我们昨天接待过的几位顾客，她们是典型的成功女性的代表，有一种高贵的气质……"

（4）"小姐，您背后有专家给您作装扮指导，对吗？某些搭配看得出很讲究……"

（5）"小姐这条项链很配您……"

> ★ 注意
>
> 赞美顾客时，说话的内容和表达方式及赞美的时间都要因具体的情景而定，切忌生搬硬套。

情景训练二：当顾客自己在选购时

▶ 技巧一：随机介入

（1）"先生您看到的这些款式都是流行的韩国设计……"

（2）"先生，您看的这款设计有几种颜色，您是喜欢蓝色还是灰色？"

（3）"小姐，您真有眼光，您看的这款是今年流行的新款，它倡导'乐观、健康、执著'

的生活理念，充分张扬了'时尚韩风的动感文化'……"

（4）"小姐，您正看着的这一款，您知道它设计的独特之处在哪儿吗？"

> ★ 注意
>
> 随机抓住当下的某些机会就能打开话题，进入销售……

技巧二：诱发兴趣

（1）诱发顾客对品牌的兴趣。

"先生，您知道××家具的品牌，在上、中、下三个档次中，它定在哪个档次吗？"

"先生，您知道'玫瑰之约'表示什么吗？"

（2）诱发顾客对做工的兴趣。

"先生，您知道我们的家具在做工方面有什么独特之处吗？"

（3）诱发顾客对材料的兴趣。

"先生，您知道好的家具材料可以从哪些方面来衡量吗？"

（4）诱发顾客对时尚的兴趣。

"小姐，您知道今年流行的家具设计风格是什么吗？"

"小姐，您知道最新流行的这一款的设计，它的独特之处在哪里吗？"

（5）诱发顾客对公司规模的兴趣。

"先生，您知道我们××家具在全国共有多少专卖店吗？"

> ★ 注意
>
> 诱发顾客的兴趣只是展开销售的前奏，或寻找一个切入点，以什么作为诱因并没有严格的规定，但对产品卖点熟悉的导购员应该可以得心应手地找到诱因。

第二步：了解背景（顾客的需求、要求及问题）

作为一名家具导购员，不仅仅是一名简单的"解说员"、"算价员"，而应是一名专业的销售顾问，需要通过与顾客沟通，了解他的需要、要求，了解他的期望是什么，了解他心中有些什么疑虑和难题，然后再做出有针对性的推介，或提出切合顾客需求的解决方案，只有这样才能真正有效地引导顾客购买。

请看下面的故事：

护士终于带着疑惑勇敢地质问起医生：

"医生，你为病人看病时，为何要问病人开什么车，住什么房子，穿什么名牌衣服……这些跟看病有什么关系呢？"

医生听后得意地笑着说："你终于听出了问题所在，但还看不懂这是学问，所以你还是我的助手……"

护士听医生这么一说更迷惑了，继续说："您水平高，就跟我解释一下吧！"

"好吧！"医生终于道出了自己高水平的一招，"我问这些是要知道他有没有钱，你想想看，如果他生活贫困，那开药的价格要怎样的？"

"便宜一点的！"护士马上答道。

"那如果他很有钱呢？"医生又问。

"那就开价格高的药，可以多赚一点！"护士马上又答道。

"对，你真聪明，这与经营有关，而不是与看病有关的，知道了吗？"

"知道了，医生，怪不得您能赚那么多钱……"

连医生看病都不忘如何才能推销更有利润的药品，而我们作为专业的导购员，却往往忘记了解顾客需求背景这一关键所在。

哪种销售方式更好

不同的销售方式，得到的销售效果一定是不同的。归纳我们家具行业的销售模式，一般可以分为两种：第一种叫做"导游式销售"；第二种叫做"医生式销售"。

▶ 导游式销售

"导游式销售"就如同导游介绍名胜景点一样，一般他不会理会游客是否在注意听，感受如何，而只会来到哪里就说到哪里，景点介绍完毕就大功告成了。很多导购员也就像一个家具景点的解说员一样，带领着顾客参观一圈，说了该说的台词就完成了任务。这种销售方式不是一种好的销售方式，因为顾客不是游客，游客是先付钱后参观；而顾客是先看"景点"后付钱，他看的不是眼前的快乐，而是要看到今后几年的生活图景。另外，顾客是带着许许多多的问题和疑虑、憧憬、期望而来的，如果你所讲述的不是他所关注的，他心中的问题没有得到解答，那他怎么可能签约购买呢？所以说导游式销售这种方式一定不是最佳的销售方式。

▶ 医生式销售

"医生式销售"就像医生给病人看病一样，一定要先了解病情。医生会通过"望"、"闻"、"问"、"切"四个步骤来了解病人的状况。"望"即观察病人的气息表征;"闻"即根据病人所说的来判断病情;"问"即问病人一切相关的情况;"切"即为病人把脉来进一步确诊。

其实导购员也应该像医生一样,在面对顾客时,也应该通过"望"、"闻"、"问"、"切"四个步骤来了解顾客的需求和内心的期望,并根据这些信息,对顾客进行有重点、有目标的推介。

销售中的望、闻、问、切

▶ 望

"望"就是要通过观察顾客的个人形象、气质、衣着、言谈、举止来做出相关的判断,以利销售。如看他驾驶什么车,穿什么品牌的衣服,用什么品牌的手包和手表等,观察与他同行的家人、亲友和小孩等。所有这些信息,都会让你初步得出感性的看法,比如,可以判断这位顾客是属于高收入者还是低收入者?他的品位如何,是高雅型、通俗型,还是实用型?这些相关的信息可以为我们进一步与顾客沟通提供重要的素材。

▶ 闻

"闻"就是倾听顾客在讲什么、提出了什么问题、在议论些什么,等等。顾客来到一个特定的环境,他们所说的话一定与自己真正的目的和需求有关。导购员如果能细心聆听这些来自顾客的"购买噪音",就一定可以从中掌握很多有价值的信息,从而在销售过程中就更有针对性地解答顾客提出的问题,更能把握重点。

> **顾客分类法**
>
> 以新旧顾客划分；
>
> 以资讯来源划分；
>
> 以居住品位划分；
>
> 以性格特征划分；
>
> 以购买经验划分；
>
> 以社会地位划分；
>
> 以经济能力划分；
>
> 以性别年龄划分；
>
> 以文化属性划分；
>
> 以理想模式划分。

▶ 问

"问"就是通过提出一系列相关的问题，来得到我们所需的、有价值的顾客需求信息。向顾客提问是导购员了解顾客需求背景的重要方法，也是销售中的重要技巧之一。

这几年来，我走访过无数不同品牌的家具门店，接触到的大多数导购员都暴露了这样一个弱点，就是在整个销售过程中，导购员不会通过发问来掌握顾客的需求和问题。当顾客离开后，我相信他们对顾客的了解是少之又少，这样怎么能有针对性地跟进这位准顾客呢？

我将发问式销售比喻为"飞镖式销售"，导购员每说一句话、每进行一次介绍、每解答一个问题，都像我们投飞镖时，要对准"靶心"来投，千万不要"口沫横飞而不知所向"。

这里有一则小故事，很具启发性，可以为我们在推销家具时提供借鉴。

有一天,一对年轻的恋人在一起,女孩对男孩说:"我想有个家。"男孩已经多次听到过这句话,这一次,他不客气地对女孩说:"你总是说想有个家,但几年来我向你求婚无数次,你都不答应我,我真不知道你的心里是怎样想的!"听到这些,女孩终于向男孩表明:"就是那么多年了,我一直在等你……""等什么?"男孩打断她的话。女孩接着说:"等你买套房子。"男孩听到这句话大叫起来,他对女孩说:"你为什么不早说?两年前我就买了套房子,希望在结婚登记那天给你一个惊喜。"女孩听了说:"你真笨,从来都没问过我……"

看完这则小故事,你认为对销售有启发吗?要记住,顾客可不会花时间与我们"谈恋爱"啊!也不会有耐心等待。所以只有掌握发问的技巧,尽快掌握顾客的需求,导购员才能迅速抓住顾客的心,快速促成交易。

▶▶ 切

"切"就是把脉,就是要导购员不断地去试探顾客,以便更准确地掌握顾客的需求和对家具的满意度。

家具销售"发问三关"

发问是销售过程中的关键技巧,又是一种艺术。如何通过发问来掌握顾客需求,了解顾客的相关背景,推动销售进程,引导顾客最终成交,是导购员在销售过程中必须了解的重要内容。在家具导购过程中,导购员应如何发问,问什么或什么时候该问什么问题等,是我们应该研究并掌握的技巧。

在销售过程中,发问有三个关,我称之为"发问三关"。下面我们一起来看看导购员应如何去闯这三关。

▶ 发问第一关：开局关

"开局关"指的是一次销售即将展开，在这一阶段我们要问些什么问题？为什么要问这些问题？应该如何去问？

当初次接触一位顾客时，我们应该提出的问题是：

"是从什么渠道知道我们的品牌信息的？"

"以前使用过我们的产品吗？"

"厅房有多大面积？装修风格如何？"

"预算大概在什么范围？"

"居住在哪个区域？有些什么特别要求？"

……

案例

导购员："欢迎光临××家具专卖店……先生是第一次来看我们的家具吗？"

（分析：第一次来意味着导购员要准备展开全方位的销售推介，应首先着重观察他和家人的层次、喜好，寻找切入点，打开话题……）

顾客："是的。"

导购员："先生，你们一家人今天真是人逢喜事精神爽。太太这一身休闲的搭配显得多么亮丽动人啊！小宝宝，是不是觉得妈妈好漂亮……"

（分析：赞美对方，拉近距离。）

"先生（太太）是从什么渠道知道我们家具店的？是朋友介绍的吗？"

顾客："是我的朋友买了你们品牌的家具，我看了觉得不错……"

（分析：了解顾客从什么渠道得到自家门店的信息很重要。如果是从报纸、杂志、广告上看到的信息，或者是随便进来看看的，这些顾客是"没关系顾客"；而因亲朋好友的推介前来的是"有关系顾客"。一般"有关系顾客"会更容易把握。)

导购员:"您是朋友推介来的,您朋友买的是什么颜色的家具?"

顾客:"颜色比较浅的……"

导购员:"先生太太请到这边来,我给你们介绍一下我们的浅色系列……"

导购员:"从先生和太太的气质和衣着看,二位一定是知识型的成功人士。我先作一下自我介绍,我姓张,叫张明艳,你叫我明艳就可以了,这是我的名片。先生和太太是从事哪个行业的,我们可以互相认识一下吗?"

顾客:"对不起,我们今天没带名片,我姓王,我太太姓陈,我们自己经营一家软件公司。"

导购员:"王先生,王太太,真羡慕你们那么年轻就有了自己的事业,小宝宝真幸福啊!王先生,王太太,买家具是入住新居吗?"

顾客:"是的……"

导购员:"王先生,王太太,带住宅平面图了吗?"(试探性询问,看看他们是否有经验和有准备)

顾客:"没有。"

导购员:"不要紧,我一定会按照你们的要求和预算挑选最适合你们的家具,请相信我的专业眼光……"

"请问先生、太太,这次你们的购买预算大概在什么范围?"

(点评:经过简短的开场白,通过一连串的发问,导购员可从中掌握顾客的一些基本需求,有利于对进一步有选择、有重点地推介产品。)

以上是导购员进行销售发问的第一关——"开局关"。

如何向顾客发问，我们可以参考"顾客选择家具所注重的15项要素"、"顾客需求的三位一体"和"家具销售瞄准器"。

> **顾客选择家具所注重的15项要素**
>
> ➡ 款式、颜色；
> ➡ 是否环保健康；
> ➡ 价格、折扣；
> ➡ 功能、实用性；
> ➡ 板材、面料、配件、工艺；
> ➡ 售后服务；
> ➡ 品牌知名度；
> ➡ 付款方式；
> ➡ 公司实力；
> ➡ 有关的品质认证及奖项；
> ➡ 产品文化、设计理念和特色；
> ➡ 交货期；
> ➡ 厂家声誉；
> ➡ 顾客口碑；
> ➡ 是否安全。

顾客需求的"三位一体"是指顾客的品位、定位、方位和整体，导购员可以从这几个方面去了解顾客的具体需求，进行有针对性的提问。"三位一体"的具体内容如表3-1所示。

表3-1 顾客需求的"三位一体"

品位	品位：高尚、一般、较低 文化品位：高雅型、通俗型、实用型
定位	价格定位：什么价格幅度 家装定位：家居是什么装修风格 风格定位：喜欢哪类风格的家具
方位	家居风水：家居风水与家具的配合 位置：家具安放的地方、尺寸、朝向等
一体	整体需求的概况

了解顾客的需求以后，还应及时将要点进行记录，并作为顾客资料进行保留，为以后的销售跟进工作打下基础。进行记录时可使用"家具销售瞄准器"和顾客分析工具，如表3-2、表3-3所示。

表3-2 家具销售"瞄准器"——手记工具

姓名		性别		性格		年龄	
职业		职位		婚姻		小孩	
学历		一次购买		二次购买		其他	
电话		手机					
通讯地址							
看过的款式	喜欢		不喜欢		备注		
顾客分类	A		B		C		

顾客的注重点：
1.
2.
3.
4.
5.
6.

表 3-3 顾客分析工具

顾客姓名：

序号	分类	资料	价值观分析
1	新旧顾客		
2	资讯来源		
3	居住档次		
4	居住地点		
5	职业背景		
6	社会地位		
7	经济能力		
8	境内境外		
9	文化性格		
10	理想模式		

发问第二关——中场关

导购员发问的目的是全面了解顾客的需求，以便更有针对性地、更准确地帮助顾客了解产品，达成其心中的愿望。

家具销售的"中场"是一场戏中最精彩的部分。在这一关，导购员可以利用现场所布置的景区景点与顾客进行深入沟通。这个过程可为导购员施展专业才华创造三个有利的条件：

（1）时间充分。顾客一般在卖场走一圈至少需要十几分钟至几十分钟不等，这些时间都可由导购员自由支配，用以与顾客互动沟通。

（2）信息丰富。情景元素丰富多样，导购员可以因人、因情、因需求、因设施来与顾客展开互动沟通。

（3）走动式销售会让售购双方相处得更自然、更随意，更容易营造一种人性化的快乐氛围。

既然中场关有以上三大特点，那么我们应如何配合现场情景进行介绍呢？我认为可以采用以下几种模式：

（1）先发问后推介。

先发问后推介是指导购员首先了解顾客的相关需求，然后再进行相应的推介。这样顾客会感到你介绍的都是他所需要的。

导购员："先生，太太，我们的儿童家具有不同的年龄层和不同设计风格的产品，可以让您有更多的选择，请问您的宝宝今年几岁了？"

顾客："7岁了。"

导购员："那太好了，这里有一款适合6~10岁儿童的家具……"

导购员："请问先生太太，你们是否与父母同住呢？"

顾客："是的。"

导购员："看来你们非常有孝心，等你们的孩子长大了，也一定会

孝顺你们的。俗话说'家有一老如有一宝',你们看看这款能否表达你们对父母的一片孝心?"

  导购员:"先生太太,你们平时喜欢什么样的文化娱乐活动?"
  顾客:"游泳、打网球、看电影、同朋友聊天……"
  导购员:"看来你们不仅懂得工作,也懂得忙里偷闲、舒展身心。很高兴地告诉你们,我们这两款家具都是为像你们这样的有品位的成功人士所设计的……"

(2)先推介后发问。
  先推介后发问是指导购员先向顾客进行比较概括性的介绍,让顾客了解家具的大致情况,之后再通过发问来了解顾客的具体需求。

  导购员:"这是一款韩式风格的家具。先生、太太,我根据你们的职业、社会地位以及居住的人数给你们推介了这种款式,你们感觉如何?让我们来交换一下意见,你们认为这款家具哪方面的设计是你们喜欢的,或哪方面的设计你们觉得还不满意呢?"

导购员:"我知道像你们这样高品位、高阶层的人士很注重家具与你们的社会地位的匹配,所以我才给你们多介绍了这种款式的一些文化背景,我想知道你们对此还需要深入了解什么呢?"

(3)混合式。

所谓"混合式",就是导购员将发问和介绍混合进行。当导购员的销售技巧达到了一种纯熟的境界后,一般都能依据不同的情形、不同的需要和目标随机应变。但是万变不离其宗,了解顾客的问题、需要、期望,目的都是为了让顾客满意,以便促成交易。

发问第三关——异议关

在销售过程中,一般在销售推介后、交易成交前,都会经历一个处理异议的阶段。在这个阶段,导购员的发问技巧同样起着关键性的作用。导购员需要通过发问来将隐藏在顾客心中的问题、抗拒的原因或各种复杂的购买心理的变化、矛盾引导到桌面上来,面对面地一一加以解决。

在这个阶段导购员所能用到的技巧,我们将在专业家具销售五步循环的第四步——"处理异议"中与大家进行分享。

情景训练:在顾客选购过程中的发问技巧

技巧一:探询式提问

"先生,您以前使用过我们这个品牌的产品吗?"
"先生,您对我们的品牌了解吗?"

"先生，您希望选购哪些款式？"

"先生，您的预算大概在什么范围？"

"先生，您有什么特殊的要求吗？"

"先生，您希望我在哪方面重点为您做介绍？"

"先生，您家的装修风格是怎样的？"

> ★ **注意**
>
> 探询式提问是导购员希望了解顾客购买的相关背景，希望能在介绍中做到有针对性……

技巧二：二选一提问法

（1）了解要求。

"小姐，我想知道您这次买床的预算大概在2000元以下还是2000元以上呢？"

（2）了解喜好。

"小姐，您是喜欢深色的衣柜还是浅色的衣柜呢？"

（3）了解异议。

"小姐，您说价格高是与别的品牌相比，还是价格超出了您的预算呢？"

> ★ **注意**
>
> 二选一提问法可以帮助导购员在众多的选择信息中迅速捕捉住顾客关注的重点……

▶ 技巧三：引导式提问法

"小姐，对于这款家具的设计，您能谈谈个人的观感吗？"

"先生，对于我们的产品，您是否能谈谈您喜欢的和您认为不满意的地方。"

> ★ 注意
>
> 引导式提问一般使用开放式问句，这样可以营造自由轻松的气氛让顾客谈出自己的观感，这是一个"摸底"手法。当搞清楚顾客的喜好，以及对家具是否懂行后，导购员就能掌握主动了。

▶ 技巧四：请教式提问

"先生，我非常佩服您对家具和家居布置方面的了解。我想请教您一个问题，作为一名导购员，遇到像您这样专业的顾客，我们应该从哪些方面提供服务才能赢得认同呢？"

> ★ 注意
>
> 当遇到有经验或爱表现的顾客，导购员不妨多请教对方，让对方多说，从而因势利导。

▶ 技巧五：递进式提问法

步骤一：引导语。

"小姐，欢迎您来到我们××家具专卖店，无论您今天是否购买我们的家具,我们都希望您对我们的家具系列有更多、更深入的了解,以便您在家居布置方面能有更多的高品位选择,好吗?"

步骤二:界定选购范围。

"为了能更有针对性地为您推介××家具系列,首先让我们了解一下您对家具所关注的一些主要问题好吗?"

步骤三:了解关注点。

"那么,我想知道您最关注的三个主要问题是什么?"

(顾客:款式、品质、售后服务)

步骤四:界定相关的标准。

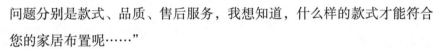

"您提到的三个主要问题分别是款式、品质、售后服务,我想知道,什么样的款式才能符合您的家居布置呢……"

步骤五:引导成交。

"我想这个系列非常符合您和家人的品位,假如您现在就要做出购买的决定,我想知道您是否还有其他的问题?"

★注意

递进式提问是一个练习以发问来推进销售与成交的套路。练套路不代表在实际销售中生搬硬套,但套路一旦练熟,我们在销售中就会如鱼得水、如虎添翼。

第三步：产品介绍（介绍产品卖点的各种技巧）

有家企业给几位前来应聘销售经理职位的年轻人出了一道试题：看谁能将梳子卖给庙里的和尚，时限三天。

三天后，几个人的销售业绩高低不一。

经理首先请业绩为零的年轻人解释一下为何卖不出一把梳子。他们的回答很简单，和尚没有头发当然不需要梳子，所以无法将梳子卖给不需要的顾客。

接着经理请卖了5把梳子的年轻人解释一下是如何卖出的。他是这样回答的："我求和尚发发善心，告诉他买不买梳子关系到我的人生前途，关系到我吃饭的问题，希望和尚乐善好施……于是和尚就帮了我一把，买了5把梳子。"经理问："这么说和尚还是没有感到梳子是自己需要的，而只是因为同情你才买的，是吗？""是的，经理。"这位年轻人不好意思地应道。

经理又追问他一句："靠同情来销售还会有第二、第三次吗？""经理，我想他不会再帮我了。"年轻人的声音有点颤抖。

经理又请卖出了60把梳子的那位年轻人："你也是靠和尚的同情而获得的销售机会吗？"

这位年轻人底气十足地回应道："不是，我告诉和尚说信众很渴望到庙里来能得到一把开光的梳子，因为这些信众觉得梳子是每天与佛祖沟通的最好信物。和尚听了，觉得我讲得很有道理，所以决定马上尝试。事情真的出乎我的意料，第一天就卖出10把，第二天又卖了20把，第三天又卖了30把……"

经理听了点点头说："很好，但为何你不能卖得更多呢？"于是经理请出了这次测试的冠军，他三天卖了3000把梳子。经理请他讲一讲他是如何卖出这3000把梳子的。

这位年轻人看上去有点内向，不善言辞。他怀着紧张的心情向大家讲述了他的推销故事：

"我也是告诉和尚信众来这里烧香拜佛，都希望带点可作纪念的信物回去，我说梳子是最好的，信众每天梳头都会想起佛，想起和尚的布施和恩德，这样非常有利于传播教义，行善天下。和尚听了很赞同，但就怕梳子卖不出去。针对他们的担心，我协助他们先试一试，有销量有信心再进货，结果他们同意了。我制作了一个简单的广告牌，将梳子摆放好，并请了一位和尚合十端坐在摊位旁，结果不到半天，带去的20把梳子就卖完了。见此，和尚们都信心大增，于是我就跟他们做了个计划。我说这梳子半天就卖了20把，一天肯定能卖更多，但开始第一个月我们保守一点，每天20把，一个月就是600把，他们临近的寺庙共有五间，所以一个月就可卖3000把，如果一把梳子盈利5元，3000把就是1.5万元，这可是一笔可观的收入啊！就这样他们马上就向我买了3000把梳子。"

对于一个真正有智慧的推销员来说，产品永远有卖点，销售永远讲方法。

卖价值而不仅仅是卖家具

在销售观念篇中，我们曾经强调过：导购员并不是简单地卖家具，而要注重卖家具的价值。因此，家具导购员在向顾客推介家具时，内心应当建立起一种价值观念。

所谓价值就是顾客的利益。虽然顾客购买的是家具，但是他所关注的利益却远远超出所购的家具，不但会关注家具的设计是否美观，它的功能组合是否方便，而且还会关注品质、环保，关注购买后所享受的服务如何，关注厂家的声誉、可信度和品牌效应等。所有这些因素都与顾客未来的生活有着密切的关系，都会在不同程度上影响顾客的生活质量，是顾客利益不可分割的一部分，是家具整体价值的构成部分，甚至导购员的素质也会成为顾客利益的一部分。因此，导购员是在销售价值，而不仅仅是在销售家具。

> **家具价值五大要点**
>
> 品质环保；
>
> 款式风格；
>
> 功能组合；
>
> 艺术欣赏；
>
> 售后服务。

为了使导购员能更方便地建立起家具的价值意识，我们将具体地介绍"完整产品"的概念，即导购员所销售的不应该是一个被人为分割的产品，而应是一个完整的产品，由此来建立产品的整体价值。

一个完整的产品应包括三个价值层：核心价值、形式价值和延伸价值。

▶▶ 核心价值

指实际要购买的家具的功能、技术、用途、板材、面料、配件、质量等要素。核心价值属于所有价值中最重要的部分，它构成了家具价值和顾客利益最核心的部分。

▶▶ 形式价值

指家具的款式、颜色、系列的设计、风格、组合变化等。虽然这些不是最核心的部分，但会影响顾客的选择。比如，当家具的功能、用途、板材等要素比较接近或同质时，顾客就会更多地着眼于自己喜欢的款式、风格等形式要素上。

➡ 延伸价值

指家具给顾客带来的生活方式、居住感受、空间美感或美好的心灵暗示，还有产品的各种认证、奖项、公司声誉、品牌效应、价格政策、售后服务和导购员的素质等。

其实延伸价值是一个可以让导购员无限发挥的平台，但事实上许多导购员在这方面的发挥都是极其有限的，不能把自己销售的产品所潜藏的价值充分地进行展现，这样就等于自己给自己的产品打了折扣。

卖品牌而不仅仅是卖家具

销售行业流行着这么一种说法：愚蠢的导购员是卖产品；聪明的导购员是卖服务；高明的导购员是卖品牌。

这种说法表达了这样一层意思：销售要往高层次走。产品是基本的，它是价值的载体；服务是重要的，它让顾客得到满意；但品牌将这一切要素化为一个简单符号或概念存储在顾客的记忆里，让顾客对它产生认可、依赖和归属感。

品牌效应就是要让顾客从复杂的信息中跳出来，回到最简单的情感归属上。因此，所谓的品牌销售首先就是要求导购员要有品牌意识，介绍完产品、服务、公司文化等相关知识后，可以让顾客马上感到："很好，就认定这个品牌了，我放心！"

当然，一个品牌要在顾客心中扎下根，并不是通过导购员的一次、两次的工作或公司单一层次的工作就可以做到的，但其中重要的一部分工作仍需要由导购员来表达和发挥。

从图3-3我们可以看到,品牌销售就是要以品牌为核心,让顾客对品牌产生精神归属为目标的一种销售理念。

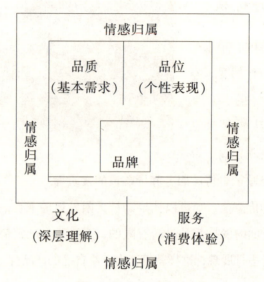

图3-3 品牌销售

导购员向顾客介绍家具产品时,应做到以下三个方面:

▶▶ 人性化

人性化销售包括两个方面:第一是导购员的表现;第二是对产品的介绍要以人性化为中心,即健康、环保、方便、舒适和美观等。

▶▶ 生活化

生活化销售即情景销售,让顾客进入如同自己未来的生活情景中去,体验家具所带来的美好感受。因此,导购员要记住,我们卖的不仅仅是家具,我们售卖的是一种生活方式。

▶ 生动化

生动化销售即要求导购员的语言表达能吸引顾客的关注，能带动顾客的情绪和激发顾客的购买欲望。

如何才能做到这"三化"呢？导购员掌握下面我们所讲的技巧对于其推销家具是大有助益的。

情景训练一：产品示范，让顾客与产品沟通

▶ 技巧：小狗交易法（体验式销售）

"小狗交易法"是指卖宠物狗的导购员先让顾客与小狗玩耍，当顾客与小狗产生好感时，再提出交易的一种销售方法。这样一种方法就是体验式销售或叫情景销售，即导购员首先让顾客尝试使用产品，体验到产品的好处，再提出交易。

导购员让顾客坐到书台前，并讲解："先生（太太），您看看'街舞少年'这书台台面的不

规则的流线型设计增加了一种美感，金属的运用显现出一种沉稳之感，而且书台台面还可以根据需要，左右进行灵活的配置；还有……"

> **★注意**
>
> 小狗交易法是一种让顾客去亲身体验产品好处的销售法，当顾客以主人的角色体验过产品的好处，导购员再提出交易就事半功倍了。因此，坐、躺、摸、看、听都是顾客对家具的体验，但导购员要对顾客投入热情效果才明显……

情景训练二：向顾客推介产品的某些特性时

▶ 技巧一：特性、优点、利益介绍法

导购员应如何向顾客展开生动而富有价值的销售呢？我相信这是每位家具导购员都希望解决的问题。

营销成功的最主要原因就是差异化，即如果你拥有与众不同的产品卖点，你就会掌握优势。但市场发展趋势所表明的事实是产品的同质化越来越严重，即你有的别人也有，别人有的你也有。

顾客打算购买家具时，可能会走访几十家不同品牌的家具店，进行多方面的比较，因此，顾客以其不专业的眼光所看到的同质化的家具可能更多。导购员应重点向顾客推介自己家具所特有的东西，这些特有的东西，在专业销售中被称作特性或卖点。而如何运用产品的特性来展开有吸引力的销售，就是导购员所必须掌握的技巧。

（1）特性。

特性就是指独特的产品优势，是其他产品所不具有的特点。对于家

具来讲，特性可以在不同的方面表现出来，比如设计风格、品牌文化、不同材质的组合、新的功能技术、服务等，这些都需要导购员去挖掘和了解。

（2）优点。

优点是产品特性的直接有利点，如自由组合式家具的优点就是顾客可以根据个人的喜好或环境的不同，随意调整家具的摆放方式。

（3）利益。

利益就是特性、优点延伸到顾客所能享用、感受到的实在的好处。比如自由组合家具给顾客带来的最大利益就是实用、方便、多变化，不会因环境改变而报废，所以更节省，用得更长久。

导购员："小姐，您听说过'时尚韩风'吗？"（产品的文化特性）

顾客："没有啊！什么叫'时尚韩风'？"

导购员："'时尚韩风'就是韩国吸收了世界时尚与前沿文化的精华，又结合自身的传统而发展出来的一种风格。由于它独有的特色，因而在全世界都受到了欢迎。（说明优点）

"我们××家具系列也充分地吸纳了'时尚韩风'的文化，所以选购××家具，就等于让您的家庭引入了'时尚韩风'，您试着想一想，当您的亲朋好友去您家做客，感受到了这种现代时尚的文化气息，那该是一种多么特别的感觉啊！"（利益陈述）

导购员："先生，眼前这款设计得奇妙无穷的组合家具，您知道它的主题文化是什么吗？"

顾客:"不知道,是什么啊?"

导购员:"这款设计叫'梦幻星空'。(主题文化特性)

"您看看上面与众不同的床屏造型,还有镂空处理的月亮、星星、哈博望远镜和璀璨的夜空。这样美丽的设计图案,对于您的孩子来说,就是一种潜移默化的教育啊!它能激发孩子们的强烈的求知欲以及对未来无限的期望和憧憬。这对开发他的想象力、树立远大理想、建立奋斗目标都很有帮助。您要知道,我们××不仅是卖家具,也卖给孩子一种有追求、有理想、有抱负的人生理念。(优点)

"对于您来说,您不仅买到了好的家具,还买到了望子成龙的'催化剂',多有价值啊!"(利益)

导购员:"先生,您看出这款'亮光系列'的设计特点了吗?(吸引顾客)

"'亮光系列'的设计遵从了现代简约主义的哲学思想,是专门为像您这样具有高素质和拥有一定社会地位的成功人士量身定做的。(带出简约主义的设计文化特点)

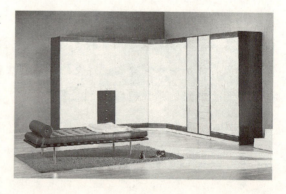

"先生,我们有很多顾客都对简约主义的设计非常感兴趣,他们常

常会关注这种设计的特色是什么。其实，简约主义是现代室内设计中最具代表性的风格，其影响力已涵盖了室内设计中所有的领域。您细心欣赏就会发现，'亮光系列'的每一件作品的线条语言都很简洁、平静和直白。作品上的五金配件就像人身上佩戴的首饰一般，在不断丰富的平面与立体造型的家具中，充分展现了信息时代的生活气息。

"您再看看，它简约而不失细节；自由而不狂放；线条简洁、直白而不失时尚和高贵风格；前卫而不张扬，为主人在心理和视觉上营造了一种生活和空间上的和谐美感。"（带出简约主义设计的优点和利益）

"您再看看，在色彩的搭配上，'亮光系列'运用了狂放粗犷的黑色斑马纹与彩色世界中至美的纯白色，构成了一种简单强烈冲突，大面积黑与白的分割，与95°的光泽，给视觉以强烈冲击，让人有恍惚误入水晶宫殿般的错觉，这正是对时尚、速度与生活三者之间关系的一种完美演绎。"（再强化"简约主义"的利益）

案例四

导购员："先生，您知道什么叫'四区一体'吗？"（引起顾客对设计特性的关注）

顾客："不知道，什么叫'四区一体'？"

导购员："先生，'四区一体'是我们这款儿童家具的设计特点，它给孩子营造一种既有'区分'而又完整的生活方式。四区是指这款家具将孩子的房间分为游戏区、学习区、储物区和休息区。因此，它的最大优点就是能让孩子的生活环境更整洁和有条理。先生，如果您的孩子从小就在这样的环境下长大,能培养出他自我管理的能力,也激发了他对生活的热爱和学习上的潜能,这种素质对于他的成长和成才都是非常重要的………"
(优点与利益)

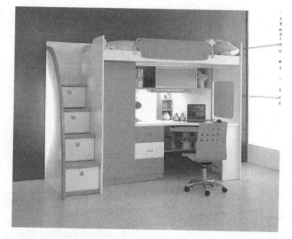

导购员:"先生,您知道我们产品的设计风格是什么吗?是体现了一种禅意空间,即禅的文化,让居住环境更有文化气息。(特性)

"先生您购买的不仅仅是家具,更是一种生活方式和生活文化的品位,更能提升人的素养。(优点)

"禅是一种静思和感悟,禅让我们在简单的日常生活中去思考,去感悟人生和感悟生活的快乐和意义。在日益激烈的竞争环境下,让我们能拥有一个属于自己的宁静而和谐的生活空间。"(利益)

▶ 技巧二:暗示法

暗示法是将家具设计或造型上的某些特点转化为一种美好的生活寓意或祝福。这样就能让顾客在选购产品的同时,多一点心理上的愉悦。这是心理暗示的销售方法,顾客也往往会被这种种美好的暗示、寓意所打动,因而爽快购买。

俗语讲"买个意头",意思就是买一种好的寓意,其实这个"意头"完全可以由导购员从产品的设计或造型中挖掘出来。

导购员:"先生,您看我们××品牌的衣柜,层次分明,一格一格地依序而上,象征着您的事业步步高升、天天向上。"

技巧三:拟人法

拟人法是将产品人格化的一种表达技巧,这样会为顾客带来一种温馨和谐的生活意境。

导购员:"小姐,您看我们的这套沙发,它宽大厚重的靠背就像家人对您的支持。您看这把手更像您爱人的一双温暖的手臂……"

技巧四:比喻法

比喻法就是借物寓物,将产品或产品某方面的设计特点透过通俗易懂的比喻来加强说明或渲染气氛。运用比喻法要注意以下两点:第一,寓意好;第二,通俗明白。

案例

导购员:"先生,我们××品牌的家具在设计上都注意让产品能带给顾客的居室有较深的文化气息和生活意趣,你看这款产品的设计就注重给顾客的生活注入吉祥、幸福、美好的元素。您看这对称的两个玻璃门,就象征着'双喜临门'、'好事成双'。"

情景训练三:向顾客强化产品的功能效果时

技巧:右脑销售法

即将顾客的需求转化为他使用的感受。

> 刺激左脑,购买行为会趋向理性、谨慎和迟疑。刺激右脑,购买行为会趋于感性、冲动和快速。

案例一

导购员:"先生,您想想看,在日常工作和生活中,您所感受到的压抑和苦闷,是需要得到发泄和释放的。酒吧、迪厅也许能让您得到一时的麻醉,但酒醒后可能会带来更大的忧伤和沮丧。因此,我想您会同意,只有家才是我们心灵的港湾,才是我们永远的栖息之

地。我们虽然不能改变世界,但我们绝对能改变自己的家。

"引进了××家具,就等于引进了'时尚韩风'。作为您家庭里的重要成员——××家具,它能淋漓尽致地体现一种时尚的氛围和您的家居品位……

"家具在您的眼里不再是呆板冷漠、浓妆艳抹、臃肿繁琐、压抑苦闷……而是清新活泼、简约灵动、自信乐观……"

导购员:"先生,您看看这一款家具外表设计简约、大气,但您知道这款设计的最奇妙之处在哪里吗?如果简单地用一个字来说明,那么这个字就是'变'。一个人的一生有50%的时间在家里度

过,也就是说有50%的时间是以家具为伴的,因此,我们常说"爱家"包括了两个主题:一是爱您的亲人;二是爱您的家具。爱亲人用的是情感,爱家具用的是审美的眼光,是您鲜活的感觉。简单地讲,家具如果没有变化,就像一个人从来都不换衣服一样,它在家里与我们一起生活久了,就是家中成员,如果我们不喜欢它,那

么家庭中的幸福感就会减少。每一个渴望家庭幸福的朋友,在选购家具

的时候,潜意识里都有一个声音在不断地提醒:要选择款式好的家具,要选择经久耐用的家具……

"其实你们消费者想到的,我们设计师早就想到了,而消费者还没有想到的,我们设计师也想到了。怎样才能让一套家具的魅力经久不衰呢?能让它作为一种资产代代相传呢?一个字:'变!'变化可以让您的家居历久弥新,让您对家永久地产生新鲜感和爱意。

"苏州园林千年韵味不减,其中重要的原因就是湖中的曲桥,曲桥就是整个苏州园林的点睛之笔。而曲桥之美就在于'曲','曲'在美学和设计上的特点就是变。曲桥的变化之妙可以用四句话形容:

"一是'近中见远'。意思是两岸相对十米,因曲而显得更远,这就将美景延伸了。

"二是'小中见大'。意思是当人的视角被固定在一个方向时,他所看到的东西是小的,是少的,但是当人随曲桥转动时,视角就发生了变化,小景变大景、美景,大大开拓了人的视野。

"三是'简中见繁'。意思是随着人视角和心情的改变,会让人重新感受到身边的纷繁和美好,爱慕和欣赏之意也油然而生。

"四是'短中变长'。意思是如果一对情侣在曲桥漫步,因为桥的"曲"线变化,使爱情成为一条永无尽头的长路,两人就可以携手到老。

"我们的家具和曲桥也有着异曲同工之妙啊!所有的家具都可以变化,都可以根据您个人的喜好、审美需要,根据您的方便和舒适要求,根据您家居布局和功能的不同而做出不同的变化。在这种变化中,您可以感受到什么才是真正有生命、有情感，能与人沟通的家具。

"用钱去买一套家具，您也许用不着跨进我们的 ABC 门店；但要用钱买到一种隐藏在家具中的幸福，一种对家对亲人的永恒的爱，您就只能在我们这里才能找到。

"所以我们的家具与您所看到的其他家具的不同，不仅仅体现在我们独到的设计艺术、我们的做工、我们的用材、我们关注细节的每一种表达和服务上面，而更重要的是体现在我们通过销售这些家具来销售一种独有的充满美感的生活方式，销售一种凝注在视觉变化和肢体感触中的和谐幸福的享受。

"家是生活和情感的港湾，家具是这港湾中的依靠。所以我们公司前台后台，从设计师到清洁工，从董事长到销售员都在为您打造一个美好的家庭而努力。"

情景训练四：当顾客对推销抗拒时

▶ 技巧一：拉销——故事销售法

拉销跟推销不同。

推销的模式是指导购员通过推介来告诉顾客产品的好处和他会得到的利益。但顾客在日常的消费体验中都会遇到这样的问题：自己所购买的产品并不像导购员所说的那样，而是被导购员夸大了。因此，他们在购买新产品时，心中自然就会有所警惕，会筑起一堵无形的"防卫墙"。导购员如何才能跨越这堵看不见的"防卫墙"？"拉销"就可以做到。

拉销的模式就是与顾客分享其他顾客的购买故事，分享他们使用产品后的美好体验，通过顾客的嘴来帮助我们讲述产品利益的一种销售方法。因为顾客听的是其他顾客的真实故事，自然他们的认同度就会更高,他们也会从内心感到:"他们得到的好处就是我需要的。"对这款家具的信任感自然就会迅速建立。

我们有位顾客再次购买我们的××家具时,感慨地说:"我在你们这里购买的'玫瑰之约'系列家具,所营造的那种高尚富贵的氛围,使我的太太非常惊喜,她问我这是什么风格的家具,我说是欧洲的,她一听是欧洲的,又添儿分喜悦……"

听到这里,我追问道:"为什么你太太对欧洲的东西情有独钟?"

"我太太说欧洲代表经典、浪漫,代表品位和高贵……欧洲会让她联想到王室贵族,联想到英国王妃戴安娜……"

我有几个顾客买了××家具以后,这些顾客孩子的同学看了都说好,因此都带着自己的父母来我们店选购,这说明我们这个品牌的家具在青少年中非常受欢迎……

▶ 技巧二:拉动顾客五层内需的销售法则

(1) 推销法则。

①产品越高档,价格越高,越需要激活顾客的更高层次的需求。

②产品越能全面满足顾客的各层级需要,就越容易引发顾客的购买动机和行为。

③越往高层级推销,就越能使顾客获得更多更深层次的心理满足。

④顾客每一个层级的需求,都有许多价值元素可为推销所用。

⑤越是进行多层级的"立体式"推销,就越能满足顾客各层面的价值需求。

⑥成交与否取决于顾客对产品价值的"认知度"和"认同度"。顾客对产品价值的认知越全面、越深刻,就越容易决定购买。

(2) 五层级推销法。

如图3-4所示。

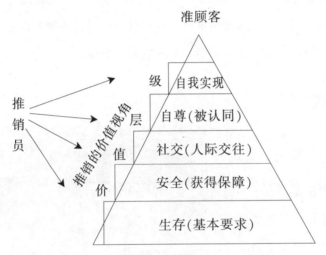

图3-4 人的五大需求层次示意图

第一级:基本层面,是卖家具的功能、技术等核心价值;

第二级:安全层面,是卖品牌、服务、信誉等;

第三级:社交层面,是卖热情、友好的关系等;

第四级:自尊层面,是让顾客有被尊重的感觉等;

第五级:自我实现,是体现顾客的成就感、身份、地位、权力的象征等。

情景训练五：当顾客避重就轻时

▶ 技巧：晕轮效应（避重就轻法）

"晕轮效应"原意是说月亮周围的光环夺去了月亮的光彩，意思是说人的注意力是会转移的。将"晕轮效应"应用于销售中，就是通过强调产品的优势方面来吸引顾客的注意力，同时转移或消除顾客对产品某些不足的注意。

比如，当顾客感到价格贵时，我们就可以通过强调产品的品牌或舒适感来转移或降低顾客对价格的关注度或敏感度。

顾客："您这个书架没有玻璃门……"

导购员："太太，您看得真仔细，其实这就是我们在设计中考虑到了青少年好动这一特点而特意设计的。我们追求的就是好设计要体现在细节上。这个书架因没有玻璃门而具有三大好处：第一，没有玻璃门方便孩子从书架上拿书；第二，玻璃反光会影响孩子的精力集中；第三，从根本上消除了安全隐患……"

第四步：处理异议（解决顾客的疑难问题）

有这样一则小故事：

一天妻子在洗衣服，她吩咐丈夫去买一根竹竿回家来晾衣服。丈夫爽快地答应了，于是到市场上买了一根长竹竿，当他走到家楼下的门口时，发现竹竿太长了，横也进不去，竖也进不去，怎么办呢？正在这时，他看见旁边有人在做木工活，于是就借了把锯子将竹竿锯成几段捆着拿给妻子。

妻子一看非常生气，问道："为何买那么短的竹竿回来，怎么晾衣服？"丈夫解释说："我买回来的是一条长竹竿，但横也进不来，竖也进不来，所以才将它锯断的。"妻子顿时火冒三丈，拿起一根竹竿，做了一个平直向前的动作，往丈夫身体上刺，丈夫大叫一声倒地，说："为什么那么简单的动作我都没想到。"

其实销售也一样，在成交之前总会遇到来自顾客的这样或者那样的异议和抗拒，就好像故事中的丈夫所遇到的"门窄竹竿长"的问题那样。如果我们不开动脑筋，多想办法，多做尝试，机会就会在成功的门前给断送掉了。

异议是一道鬼门关

销售界有句行话：处理异议是销售的鬼门关，闯得过去就是海阔天空，闯不过去就前功尽弃。这样描述异议虽有夸大之嫌，但也不是没有道理。我走访过众多的家具店，与许许多多的导购员真刀真枪地较量过，大多数的导购员给我的印象是不堪一击，几个问题就可以让他们不知所措，只好缴械投降。

实际上，并不是顾客的异议离奇古怪，而是导购员准备不足。《孙子兵法》讲:"胜兵先胜而后求战,败兵先战而后求胜。"意思是能打胜仗的兵是先要做好准备(先胜),然后才上战场(后求战);打败仗的兵是先战斗(没有准备的战斗),然后再想办法夺取胜利。

顾客流失往往发生在异议这道难关上。试想,如果你作为一名顾客,要花费上万元甚至更多的钱来买家具,但面对的导购员却是一问三不知,你还有信心吗?要使顾客对导购员建立信心,导购员就必须能为顾客解决问题,消除顾客的疑虑。

▶▶ 什么是异议

异议是顾客在购买过程中产生的不明白的、不认同的、怀疑的和反对的意见。例如,顾客对导购员所介绍的产品资料的真实性表示怀疑、对是否还可以获得更多的折扣而讨价还价等。面对异议,导购员不仅要接受,而且还要表示出欢迎的态度。不要将异议视为销售的阻力,而要将其看作引领你继续完成交易的指示灯,指导你及时调整方向,沿着正确的路途走下去。

▶▶ 异议的分类

(1) 实际异议。

一般指顾客所表述的问题是具体、真实的,会对购买造成实质性的影响。导购员需要通过一些实质性的工作或措施去解决这些问题,才会消除顾客的疑虑。

顾客："这一套家具太贵了，我负担不起……"

导购员："有一种款式的家具会更适合您，相对这一套家具来说，价格就优惠多了，您觉得怎么样？"

顾客："好啊。"

导购员："我想知道您预算的底线在什么价格范围？"

顾客："8000元。"

（2）心理异议。

指顾客一种心理上的障碍，而不是很具体的困难。因此，对于顾客的"心理异议"，导购员应以说服为主。

顾客："欧式家具是好看，但让人觉得气氛有点沉闷。"

导购员："先生您很有眼光，这其实不叫沉闷，而是经典、稳重，这正配合您的身份啊！"

对待顾客这种心理性的疑惑，导购员一定要表现出自信，并能引导顾客从正面进行联想。我们都知道，凡事没有绝对的正确和错误，只是每个人的观点与看事物的角度不同。所以对于每一个会引起顾客负面联想的问题，我们都应预先有所准备。记住：我们是积极联想的倡导者！

▶ 异议的三大功能

在销售过程中，出现异议并不是一件坏事，一般来说，异议有以下三大功能：

（1）表明顾客对你和你的产品感兴趣。一般情况下，顾客越用心去挑剔，就恰恰证明他的关注程度和兴趣越高。

（2）可以通过异议来了解隐藏在顾客内心深层次的需求和问题，从而调整我们的销售策略和方法。

（3）可以通过异议来了解顾客对我们所推介产品的接受程度，并根据实际情况进行调整。

▶ 顾客异议分析

导购员应对顾客的异议进行分析，一般顾客的异议有以下几种情况，如图3-5所示。

（1）顾客准备购买，但需要进一步了解家具的一些相关情况；

（2）这种异议只是推托之词，顾客并不想购买或没有能力购买；

（3）顾客有购买能力，但希望在价格上能有优惠；

（4）顾客想建立谈判优势，支配导购员。

对于不同的异议，导购员应该区别对待，采取不同的销售手段。

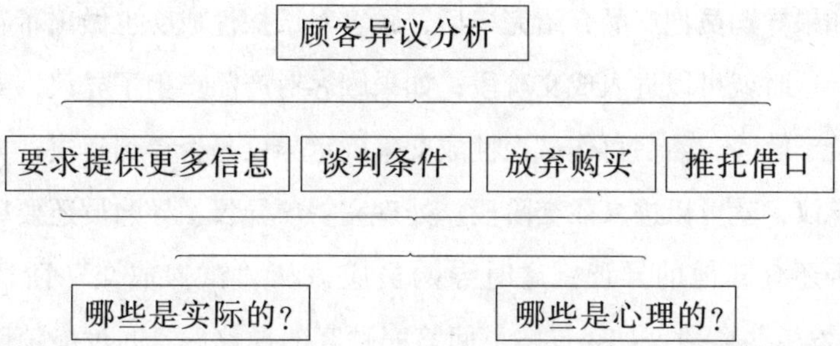

顾客异议分析
要求提供更多信息
谈判条件
放弃购买
推托借口
哪些是实际的？
哪些是心理的？

图3－5　顾客异议分析

如图3－6所示，导购员一般会在介绍产品后试探成交，这是异议最容易产生的时候，也是导购员销售行为成败的关键时刻。在这个阶段，导购员应分析异议的情况，并正确处理顾客的异议。

处理异议是一个阶段性的回环状态，顾客对产品所产生的疑问会在成交前被一一地激发出来，所以，导购员刚解决一个问题，顾客可能又提出一个新的问题，从而形成一种“处理异议的环路”。

1.接触顾客
2.了解顾客
3.产品介绍
试探成交
4.
异议发生
异议处理
试探成交
异议环路
5.成交

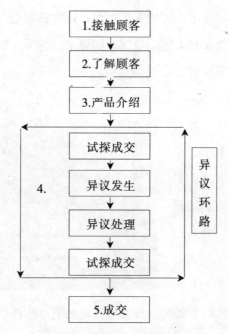

图3－6　异议与销售流程

如果导购员把产品介绍完毕后，顾客对试探性成交也做出了正面的反应，这时就可以进入成交阶段；如果顾客对产品产生了异议，导购员就要给予解答，然后再作试探性成交来确定异议是否得到解决；如果解决了异议，就可以进入成交阶段。处理完一项异议，导购员还要确定顾客是否还有其他的异议，这时导购员应该从"试探成交"阶段回到"异议发生"阶段。如果导购员回答完顾客的异议后，并没能消除顾客的异议，那么此时导购员就要回到"产品介绍"阶段，再与顾客深入讨论与异议相关的产品内容。

▶ 分辨真假异议

顾客的异议中有真异议和假异议，导购员必须学会判别真假，对症下药。

（1）真异议。

真异议就是顾客不购买的真实理由。比如顾客没有购买能力、顾客目前不需要、这款家具未能满足顾客的要求，等等。对于顾客合情合理的拒绝就可视为真异议。

（2）假异议。

在购买过程中，顾客为了达到自身的目的，也会施展一些策略，用假异议来争取对自己有利的形势。所谓假异议，就是指顾客所陈述的意见同内心的动机不一致。例如，当  顾客希望得到更多的折扣时，他会找其他的借口作掩护。如，这款沙发的款式不好，坐起来又不舒适……（内心的真实想法是：除非你能再便宜一点。）

假异议的原因分析

➡ 为了压低价格或得到相关的好处；

➡ 为了探明实情，避免卖方隐瞒或欺骗；

➡ 为了获取更多的资料，来证明自己的选择是正确的；

➡ 顾客不接受的是导购员，而不是产品。

处理异议时的注意事项和应对技巧

▶ 处理异议时的注意事项

处理顾客异议时，一定要避免与顾客发生冲突，不要破坏良好的销售氛围以及与顾客之间的和睦关系。销售行业有句名言："赢了顾客会输了生意。"这句话说得非常贴切。因此，在处理顾客异议时，导购员要注意以下几点：

（1）要充分展示一位专业导购员的个人风度、修养和自信心，要做到泰山压顶而面不改色。在任何恶劣的处境下，导购员都要保持平静的心态和友好的态度。

（2）要用心聆听。态度要诚恳，要理解、体谅顾客，七分听，三分讲，有理有节。

（3）回应顾客不要用否定式。当顾客提出批评时，要充分肯定对方意见中积极的一面，并表示感谢。

（4）如果问题较复杂，就要以冷静、平和、友好的态度去与对方探讨问题的根源，让顾客自己进行判断。

(5) 要学会忍耐。环境和情况越严峻,导购员越要注意自我克制,控制好场面,不要为一些棘手的问题而焦虑。

(6) 要记住:赢了顾客便会输了生意。推销是向顾客提供服务和合理的说服,而不是与顾客争辩。

(7) 要事先做好准备,列出问题,细心研究破解的对策,并在实际运用中不断修正、提高和丰富。

处理异议的几种技巧

在顾客提出异议后,导购员必须给顾客以满意的回答。在不同的情况下,导购员需要采用不同的方法解决。下面是一些行之有效的方法,如图3-7所示。

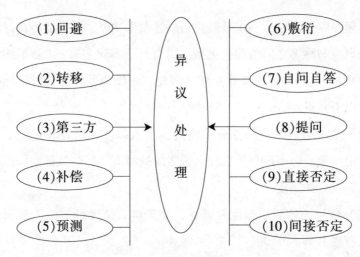

图3-7 处理异议的几种技巧

(1) 回避。

对顾客提出的某些敏感程度很高的问题,导购员可以采用暂时回避的策略。

(2) 转移。

即转移焦点、转移话题,由此起到缓和气氛等作用。

（3）第三方。

对于某些问题，可通过借用或提供第三方的相关资料来应对。

（4）补偿。

如果顾客的某个要求达不到，导购员可从其他方面进行补偿。补偿可分为心理补偿和实物补偿。心理补偿是导购员理解和说服顾客的过程。比如顾客认为家具价格比较贵，但如果导购员能让他看到将来享受快乐的图景，他就会用"幸福快乐"的心理取代"价格贵"的心理。实物补偿是以看得到的具体东西作为补偿，比如没有折扣，就用送礼品来补偿。

（5）预测。

导购员对未来行情或时尚流行的评估就是一种预测。顾客购买家具时，肯定很关注所看中的家具是否老套过时，导购员可以转达专家的观点来加强顾客的信心。

（6）敷衍。

敷衍是一种拖延的手段，拖延可以争取时间，赢得回旋空间。

（7）自问自答。

自问自答是一种回应方法，即导购员提出一些假设是顾客的问题，自己做出回答。自问自答往往可以收到意想不到的效果。

（8）提问。

通过提问来与顾客沟通。

（9）直接否定。

理直气壮地直接否定顾客的某些观点、疑虑，往往可以让顾客对家具产生信任感。

（10）间接否定。

间接否定是一种避免冲突、让顾客容易接受的否定手法。

情景训练一：当顾客不表达意见时

▶ 技巧一：咨询引导法

"隐晦异议"就是我们不明白的，顾客又没有说出来的抗拒点。面对这种情况，导购员可以采用咨询引导法——根据家具的卖点设计各种问题，不断地与顾客进行沟通，以引导的方式让顾客说话，弄清楚顾客的疑虑所在。

"先生，看得出您非常有眼光，到现在为止，您对这一款家具还有什么不满意的地方吗？"

▶ 技巧二：请求式提问法

"先生，您到现在还不能决定购买，我相信一定是我在哪方面的介绍还不够清楚，现在请您批评指正好吗？这样我就可以知道我在哪些地方还做得不够……"

> **★ 注意**
>
> 当顾客不出声，或隐藏自己的一些意见时，导购员千万不要作负面的猜测，而应该用咨询引导的方法或请求式提问法来与顾客沟通，了解顾客心中所想的问题……

情景训练二：当顾客表示要再考虑考虑时

▶ 技巧一：排解疑难法

当顾客表示要再考虑考虑时，导购员应做出积极的回应，而不是简单地说："好啊！"

例如："先生，您说要再考虑考虑，我非常欣赏您这种处事认真的态度。但为了能向您提供更多专业上的参考资料，以便于您能做出客观而科学的选择，所以我想知道，您要考虑的主要是哪方面的问题？"

▶ 技巧二：邀约式提问

导购员："先生，我诚意地邀请您下月再次光临我店，因为下月我们有很多新款推出。到时您能抽时间光临吗？"

情景训练三：当顾客无购买欲望时

▶ 技巧一：处理无欲望异议法

"小姐，如果我们现在的产品还不能打动您，不要紧，下周我们有几款设计非常特别的家具将会登场，到时候一定会使您眼前一亮的……"

▶ 技巧二：再点一把火

"太太，您再来看看这一款，这一定会让您动心。"

▶ 技巧三："种子法则"

"种子法则"是讲求有效传播效应和如何培育市场的推销策略。它告诉我们，在销售过程中，虽然我们没法留住每一位顾客，或不可能促成每一单生意，但我们永远可以做到将最有价值的品牌意识和产品特性，经过提炼加工，以最生动、最有特色的表达，让它像种子一样深深播入到顾客的内心，以期待将来在适当的时机，顾客条件成熟时，他还记得我们的品牌，那么这个顾客就有可能会回来购买我们的家具。

情景训练四：当顾客认为价格高时

▶ 技巧一：咨询式提问

"先生，我想我们有必要就您所提及的价格问题与您进行深入的交流，这样您会更了解我们公司的服务和文化。我们不是追求低价格，而是追求给予顾客更高的价值……您认为我们应在哪些方面进行改善，您才能接受呢?

▶ 技巧二：本利比较法

"本利比较法"又叫"天平法则"，意思是当顾客说家具价格高时，我们就说家具所具有的价值，让顾客在内心的天平上，找到新的平衡点。

➡ 技巧三：“回力棒”说服法

"回力棒"说服法意思是告诉顾客如果将价格降低，就必须从家具中减去某些东西，比如品质、服务或配件等。用此方法来传达一种意识：保持适当的价格正是为了保障顾客的利益。

➡ 技巧四：品质、服务有保证说服法

当我们告诉顾客家具在价格上没有折扣时，同时可以申明：我们的家具在品质和服务上绝对可以让顾客放心，这其实也是一种优惠。

➡ 技巧五：“缩小与放大”法

缩小——就是将顾客所比较的几种家具的差价提出来，比如："先生，您是说我们的产品比别家的产品贵了100元是吗？"

放大——就是将产品价值放大，与100元形成较大的落差来说服顾客。比如："先生，您看就是贵了100元，但您买我们的家具却高了一个档次，无论从款式品质、用途和使用上都更好些……"

➡ 第五步：促成交易（销售完成的技巧）

导购员想让顾客购买自己的家具，就必须先付出努力。有这样一个小故事，想必对您有一些启发。

一个高高长长的瓶子里盛着清纯甘甜的水，可是水只在瓶子的底部，一只口渴的乌鸦怎么也无法钻进这个细长瓶子里去喝水，该怎么办呢？

聪明的乌鸦终于想到了一个好方法，它知道要能喝上水首先必须付

出。于是用嘴巴叼来石块放到瓶子里。乌鸦不惮劳苦，一次又一次地飞行，含回来的石块大了，放不进瓶子，它不怨，只会在下一次更细心认真地挑选合格的石头；石块小了，它也不怨，只会告诉自己多飞几次就可以了。

就这样，乌鸦经过辛勤的劳动，放进瓶子里的石块慢慢地把水抬高到了瓶口，乌鸦终于喝上了瓶里清纯甘甜的水。

如果将乌鸦比作我们的导购员，将瓶子比作顾客的话，导购员要让顾客为我们的生存提供有价值的帮助，首先我们就必须要向顾客提供有价值的服务。乌鸦向瓶中投入的石块，就好像是我们在销售中为顾客提供的服务一样，只要我们投入的这一块块服务的"石头"被顾客接纳了，那么这个"瓶子"里面的水就好像顾客内心的满意度一样，会随着投入的"石块"越来越多，满意度就会越高。最后我们就一定能与顾客签约成交，一定能喝上那甘甜清纯的水。

成功射门的技巧

促成交易就如同足球比赛中的"临门一脚"。但"射门"是一回事，球进不进门又是另外一回事。做到"射门后球进门"，才是所有导购员追求的结果。

一次成功的射门要讲求"时机"与"技术"的配合。所谓"时机"，在销售过程中，是指导购员对顾客购买信号的捕捉；所谓"技术"，就是在销售过程中，导购员促成顾客成交的技巧与方法。下面我们就来研究一下"射门"的时机与技术。

▶▶ 购买信号的分类

所谓购买信号，就是顾客购买欲望的外在表示。购买信号的出现是促成交易的有利时机。销售的成功与否往往不在于事情的难易程度，而在于导购员对时机的把握是否准确。要准确把握时机，导购员就要分辨

和捕捉顾客的购买信号,以便最终促成交易。顾客的购买信号可分为如下几种类型:

(1) 口头信号。

①顾客将问题转向家具的细节方面,如费用、价格、付款方式、送货时间等;

②顾客开始详细了解售后服务情况;

③顾客对导购员的介绍表示积极的肯定与赞扬;

④顾客开始询问家具的优惠程度、商量价格;

⑤顾客对目前所用家具表示不满;

⑥顾客与同伴低语商量;

⑦顾客对导购员的介绍提出反问;

⑧顾客对家具提出某些异议或批评;

⑨顾客索要赠品;

⑩顾客表示最重要的问题已被解决。

(2) 表情信号。

①顾客的面部表情从冷漠、怀疑、深沉变为自然、大方、随和、亲切;

②顾客眼睛的转动由慢变快,眼睛开始发亮而有神采,眼神从若有所思转向明朗轻松;

③顾客嘴唇开始抿紧,似乎在思考、权衡什么。

(3) 姿态信号。

①顾客出现放松姿态,如身体后仰,擦脸拢发,或者做其他放松舒展性的动作;

②顾客拿起订购书之类的文本仔细查看;

③顾客开始仔细观察家具;

④顾客转身靠近导购员,掏出香烟让对方抽,表示友好,进入闲聊;

⑤顾客突然用手轻声敲桌子或身体某部位；

⑥顾客神情专注、认真倾听、频繁点头、身体前倾、长时间触动样品。

★友情提示

准顾客行为习惯

➡ 随身携带有关资料；

➡ 反复观看、比较各种不同的款式；

➡ 对家具的结构及设计非常关注；

➡ 对付款方式及折扣进行反复探讨；

➡ 提出的问题相当琐碎，但没有提出明显的"专业性问题"；

➡ 对家具的某种特别之处，不断重复提问和关注；

➡ 特别问及其他顾客的情况；

➡ 对导购员的接待非常满意；

➡ 不断提到朋友的情况；

➡ 爽快地填写《顾客登记表》，主动索要卡片，并告知导购员方便接听电话的时间。

▶ 促成交易技巧

促成交易技巧就如同足球比赛中的"射门技术"，"射门"有各种不同的技巧，"远射"、"中射"、"近射"、"正射"、"倒挂"、"头顶"，但无论用何种方式，目的只有一个，就是"进球"，就是让顾客购买家具。

▶ 成交法则

（1）钓鱼法则。

利用顾客的某种需求心理，让他得到优惠或好处，从而吸引其采取购买行动。

(2) 感情法则。

投顾客感情之所好,为顾客提供帮助,使顾客的需求得到满足,激发顾客的认同感,从而与顾客建立心理相容的关系,使买卖双方的心理距离缩小或消除,最终达到销售的目的。

(3) 利诱法则。

向顾客提示购买此款家具会给他们带来的种种好处,从而打动顾客的心,刺激其购买的欲望。

(4) 以攻为守法则。

当估计到顾客可能会提出反对意见时,导购员应提前主动将问题提出,并加以说明。

(5) 从众心理法则。

利用顾客的从众心理,制造大量成交的气氛,令顾客有紧迫感,从而促进顾客购买。

(6) 诚信法则。

以诚心诚意、讲信用、守承诺的态度来取得顾客的信任。

(7) 失心法则。

利用顾客既害怕物非所值,又担心痛失所爱的矛盾心理,来巧妙施压,令顾客下定决心购买。

(8) 期限法则。

人们对实施优惠活动的期限一般都比较敏感,因此,可以设置一个期限来限定顾客在某一时间范围内做出抉择。

(9) 欲擒故纵法则。

欲擒故纵法是用来对付顾客的戒备心理的。导购员不向顾客表示"志在必得"的成交欲望,而是表现出不强求成交的宽松心态,使顾客放下戒备的心理。

(10) 激将法则。

想要顾客成交,导购员可以采用"激将法则",暗示顾客没有购买能力,从而激发起顾客的挑战心态,促使他用行动来维护自尊,证明其能力,最终达成交易。

情景训练一:当顾客要折扣时

▶ 技巧:优惠协定法

"优惠协定法"就是导购员给顾客折扣前,顾客一定要先有个口头或书面的成交承诺,导购员才去为顾客申请折扣。否则,当导购员为顾客申请到折扣时,顾客还不满意,这样导购员的底牌虽然打出去了,但却没有胜算的把握。

顾客:"可不可以打个折扣?"

导购员:"首先感谢先生对我们的关照和支持。您前后来过几次,相信您也是经过货比三家最后选择我们的产品的。其实我们××家具是个著名品牌,都是全国统一定价,所以一般零售我们都能做到公开、公平、公正,这一点请您放心。不过,公司经营本着"薄利多销"的原则,如果您的购买数量达到团购的标准,我就可以为您去申请团购折扣……请问您这次会购买多少家具呢?"

顾客:"我这次只买这一套(床与衣柜)。"

导购员:"先生,您的购买量还达不到公司的团购标准,因此不能享受到折扣优惠,您是否可以多买几件呢?"

顾客:"这次暂时就买一套,如果用得好,我会再支持你们的,而且我也会向其他亲朋好友推荐的⋯⋯"

导购员:"首先谢谢您的关照。但公司的原则是不能改变的,我可以看看其他店现在是否有成交单。如果有的话,我们可以把成交单合起来,作为一个团购单,那就有可能为您申请到一点折扣。但您要告诉我,假如真有可能为您申请到折扣的话,您是否马上就能决定购买呢?"

顾客:"那我还要看看打的折扣是多少?"

导购员:"昨天我们有个顾客和两位亲戚一起来买,他们的单价比您的高5倍,才申请到九八折。您现在的情况,即使能凑上几个单,但能不能

申请到九八折我还不能确定。如果真的为您幸运地申请到九八折的话,您马上就能决定购买吗?"

顾客:"可以啊!希望您能帮我争取到这个折扣。"

情景训练二:当顾客犹豫不决时

▶ 技巧一:独一无二法

(1)"最后一件"法。

"先生,您真幸运,现在有一套家具是别人已订的,但还未付订金。按照公司规定,如果您赶在他前面付款,这套就先给您⋯⋯"

(2)送礼法。

"太太,既然要买,为什么不今天就购买呢?今天买还可以送您价值500元的床上用品,明天就没有了⋯⋯"

(3) 幸运号码法。

"先生，让您的孩子来抽奖碰碰运气吧，如果他运气好，那就能为您打个折扣，能节省上千元呢！"

导购员："小姐，您看上的这一款家具，它的设计是今年欧洲最流行的。上周我们才新进了一批货，但现在基本都订购完了。我要查一查仓库还有没有货。"

顾客："销量真的这么好吗？"

导购员："真的。如果有，那就是您的运气；如果没有，您就要等下一批货了。（导购员稍离开现场然后回来）小姐，仓库里还有一套，是顾客预订了还没有付订金，按公司规定没下订金的一律不作实，小姐，如果您现在就决定的话，我就马上帮您订下来……"

顾客："好啊！赶快帮我订下来吧！"

技巧二：推断承诺法

推断承诺法是在导购员向顾客介绍完产品、处理好顾客的一些异议后，认为成交时机比较成熟，即断定顾客会购买时，直接进入为顾客办理成交手续的一种方法。

案例

导购员:"陈太太,刚才我们对产品已经有了一个全面综合的了解,您无论对我们的品牌文化、设计风格、产品品质还有公司的服务措施都非常满意。我也恭喜您的眼光,感谢您的关照和支持。(这时导购员拿出订单)陈太太,您是买A款还是B款?"

顾客:"A款吧!"

导购员:"那您是付现金还是刷卡?"

顾客:"现金吧!"

导购员:(将填好的订单移到顾客的前面)"恭喜您成为我们的尊贵会员。"

▶ 技巧三:信念成交法

信念成交法就是要求导购员要以一种深信不疑的态度去帮助顾客建立购买家具的信心。而购买者的从众心理驱使他们相信和追随那些充满自信的人。

导购员:"陈先生,作为一名专业的导购员,

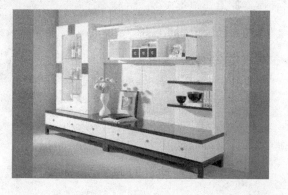

我对××产品的品质和设计的品位是深信不疑的。请您相信我所提供的专业意见，××家具一定是您的最佳选择……"

▶ 技巧四：心理暗示法

心理暗示法就是导购员通过不断重复一些有利于增强顾客购买信心的语句，来达到暗示和推动成交的作用。

导购员："先生，您一定不要错过这个促销的机会啊！""请相信我的专业意见，这一定是您的最佳选择！"

▶ 技巧五：推他一把法

导购员："陈先生，既然您和太太都喜欢××的品牌，现在是促销期，您一定要抓住时机。如果您现在就决定购买，您不但能享受到九五折的优惠，而且还能体验××家具所赋予您家居生活的新感受。"

情景训练三：当顾客与别的品牌比较时

▶ 技巧一：顺藤摸瓜、探听利弊

导购员："陈小姐，您刚才几次提到了××品牌，我想知道××品牌有哪些方面最能符合您的喜好和需要？（顾客可能将自己的观感讲出来，导购员既可以从中了解顾客的喜好，又可以摸清竞争对手的相关情况。当顾客讲完后）陈小姐，除了您对××品牌所欣赏的方面，该品牌有哪些方面不能满足您的需求？

(顾客如果能讲出不满意的地方,这就为我们提供了销售的机会。)"

> ★注意
>
> 如果导购员可以从顾客的口中了解到顾客对产品的观感,了解了他喜欢什么,不喜欢什么,这对导购员在推销中占据主动很有帮助。

技巧二:"借刀杀人"法

销售行业提倡的商业道德,就是"不要去讲竞争者的缺点"。

我们自己可以不讲,但在日常生活中可以注意收集媒体上的一些关于竞争者弊端的报道。当顾客将我们的产品与竞争者的产品相比较时,我们就可以向顾客提供这些资料以供其参考,这样就可以起到"借刀杀人"的效果。

★注意

"借刀杀人"法的使用要注意两点:

一是要"慎",不要随便滥用;

二是要"巧",要在不经意中达到目的。

情景训练四:当顾客购买产品后

▶ 技巧:连带销售法

"连带销售法"就是当顾客完成了主要的购买后,导购员向顾客推荐相关的产品,由此将单价做大。

导购员:"陈先生,您看看如果您买的这一款睡床再配上这款衣柜,那多气派啊!……"

★注意

连带销售法除了在卖场让顾客多买相关联的产品,还可以延伸为利用顾客的关系带来新的客源和生意机会。

情景训练五：当顾客随便走一走就要离开时

▶ 技巧：主动推介法

"小姐，买不买都不要紧，我想推荐您看看这两款……"

◢ 作者建议

虽然说掌握专业知识、具备扎实的基本功是导购员从事销售工作必备的技能，然而也需要"灵机一动，计上心来"的现场反应能力。兵法上讲"正合奇胜"。"正"就是常规，就是规范，做事首先是要符合常规，按规范的流程去工作。"奇"就是出奇制胜，就是用与众不同的新方法、新招式取得胜利，在销售中就是技巧的巧妙运用。"正"是基本功，"奇"是运用上的创造性发挥，两者充分结合才能将销售这台戏演好、演活、演得出彩。

Part 4 训练宝盒四
顾客篇

点石成金：从"骂不走"到"请不来"

法宝一：顾客购买行为分类

法宝二：顾客购买决策过程分析与销售控制

法宝三：顾客购买过程中的七个心理阶段

法宝四：顾客购买的心理支点——比较法则

法宝五：如何营造冲动性购买氛围

法宝六：购买动机与购买行为分析

点石成金：从"骂不走"到"请不来"

有位老汉每天被门外踢球的小孩吵得不能休息，虽然他又骂又赶，却始终不能解决问题。

一天，老汉改变了方法，他坐在门外观看这些小孩踢球，并告诉他们要努力地踢，踢得好看会有奖品。孩子们踢完以后，都兴高采烈地来领奖品，但老汉只拿出一支铅笔奖励了其中的一位，其他的小孩都很生气。

这时老汉以期盼的口气说："希望你们明天早一点来踢球，我等着看球啊！"

结果，第二天，大部分的孩子都比原来来得晚了。

老汉见此，又对他们说："你们为什么来得这么晚啊！明天一定要早点来。希望你们今天更要使劲地踢，踢好了，我有大把的礼物送给你们。"

结果，孩子们踢完球又来领礼物，老汉递给他们每人一个信封。大家打开一看，里面有一张纸条，上面写道："免费看球真好！希望你们明天早点到，踢得更起劲一些！"

孩子们看完后，非常愤怒，众口一词："我们以后再也不会来了！哪能让你占那么多便宜。"

从此，这群小孩再也不来这里踢球了。

点评：

要说服某人，用引导的方式比强逼更有效。

在销售中也是如此，如果销售方法迎合了顾客的心理，我们的工作就会起到事半功倍的效果，顾客就会顺着你的要求和指示去做。

因此，研究顾客的购买习惯与个性，从中找出不同的解决方法是导购员的一大课题。

法宝一：顾客购买行为分类

顾客购买行为会随其购买决策的变化而变化，购买不同的产品，会有不同的决策和行动。当购买较为昂贵的商品或决策较为复杂时，顾客就往往会进行反复权衡，而且还会听取众多购买参与者的意见。

按购买投入度与品牌关注度分类

根据顾客购买投入度与对品牌的关注度来划分，可以把顾客的购买行为分为四类，如表4-1所示。

表4-1　顾客购买行为的四种类型

品牌关注 \ 购买投入	高度投入	低度投入
高度关注	复杂的购买行为	慎重的购买行为
低度关注	简单的购买行为	随意的购买行为

（1）复杂的购买行为。如果顾客非常重视各品牌家具之间的差异，那么顾客要购买某一品牌的家具时，就会产生复杂的购买行为，需搜集更多的资料或征询更多人的意见，在各品牌之间进行反复的比较，找出可信和有说服力的依据，以决定购买哪一个品牌的产品。

（2）简单的购买行为。如果顾客自觉或不自觉地忽视了品牌家具之间的差异，那么他们的购买行为就会比较简单。比如，有些顾客只是在家具款式、价格等外在的因素上作比较，那么这类顾客对价格和折扣就会特别敏感，基本上得到些好处就会做决策。但是，也很容易因决策错误而后悔不已。

（3）慎重的购买行为。虽然是一些单位价值较低的生活必需品，但这类顾客还是会习惯性地关注家具是否是知名品牌，表现出慎重决策的特点。

（4）随意的购买行为。这类顾客的购买行为表现为不在乎各品牌家具之间的差别，在购买中经常变换品牌，随意和即兴消费的特点很明显。

按性格分类

根据顾客在购买现场中所表现出的性格特点，我们可以把顾客分为四类，即完美型、活泼型、力量型、平和型。对于每一类型的顾客，我们都可以找到与其相处的方式，如图4-1、表4-2所示。

图4-1 根据性格特点对顾客的分类

表4-2 根据性格特点对顾客的分类以及相处方式

	完美型
性格特征	内向沉默、追求完美、逻辑性强、深思熟虑、深藏不露、有条有理、要求苛刻。
性格优点	程序性强、条理分明、前后一致、有耐力、责任心强、不夸大、办事留有余地。
性格弱点	性格内向、化简为繁、顾虑重重、行动缓慢、让人猜不透。

(续表)

	完美型
相处方式	态度认真、行为稳重、规范办事、条理清楚、责任心强、平和适当地赞扬对方。
	活泼型
性格特征	开朗活泼、乐观、热诚主动、心直口快。
性格优点	积极主动、心口如一、化繁为简、行动迅速、追求效率、沟通能力强、容易相处、容易接纳。
性格弱点	情绪易反复，常大起大落；与人相处时好时坏、持续性弱、毅力较弱。
相处方式	同频共振、兴奋热诚、感性赞美、渲染气氛、把握时机快速成交。
	力量型
性格特征	刚毅不屈、有爆炸力、主宰力强。
性格优点	坚强刚毅、敢作敢为、自主自决、独立果断、勇往直前、自尊心强、有行动力。
性格弱点	缺乏柔韧性、狂暴独断、压制他人、不听建议、缺乏关爱、难以合作。
相处方式	放下架子、抬举对方、称赞其才能、请求帮助、甘拜下风。
	平和型
性格特征	平和低调、不争不斗、不会大喜亦不会大怒。
性格优点	平静低调、和气仁慈、容易相处、不出风头、容易满足、承受力强、容忍宽恕他人。
性格弱点	甘于现状、缺乏大志、接受平淡、主动性弱。
相处方式	耐心、积极、热诚、推动、榜样启发、利弊分析、关键时刻替顾客做主。

▶ 按性别、年龄分类

（1）男性顾客——趋向理性。

对于男性顾客，导购员可以多利用说明书等资料，向顾客介绍家具的特点和优势。

（2）女性顾客——趋向感性。

对于女性顾客，导购员可以多向其介绍家具的外观，与其分享其他顾客的使用心得。

（3）年龄不同的顾客。

①年长的顾客。

一般说来，年龄在55岁以上的顾客会表现得更理性、成熟、冷静，有一套自己长期积累的经验模式，对于新东西往往会持审慎和怀疑的态度。因此，导购员需要有足够的耐心，多引用其他顾客购买的事例来影响和说服他们。

②中年的顾客。

年龄在30～50岁之间的顾客群，一般都有了一定的事业基础和较为丰富的人生阅历，既有传统的观念，但对新时尚也有一定的追求，有着较强的购买力。这是一群优质顾客。

③年轻的顾客。

年龄在20～30岁之间，较容易接受新事物，更推崇时尚。他们表现得非常有活力，思路敏锐，没有太多陈旧观念的约束。但他们缺乏的就是购买力，因此，他们往往对价格和折扣非常敏感。

▶ 按顾客购买态度分类

按照顾客的外在神态和语言表现，可以分为夜郎型、挑剔型、暴躁型、自私型、多疑型、沉稳型、独尊型、率直型、犹豫型、抱怨型、武断型、专家型、面子型、理性型、感情型、借故拖延型、沉默寡言型、神经过敏型、迷信型、喋喋不休型等。如表4-3所示。

表4-3 根据购买态度对顾客的分类

类型	特征	导购员的应对技巧
1. 夜郎型	自以为是、盛气凌人、狂傲自大，容不得有反对意见，拒人于千里之外。	稳住立场、恭敬谦虚、不卑不亢，寻找其弱点，对其正确的见解不妨稍加恭维，以适应其心理需求，但切忌轻易让步。
2. 挑剔型	诸多挑剔和要求，导购员稍作解释就会被驳回。	少说为佳，对于关键性问题以事实为依据进行陈述；对于挑剔的问题，有理有据地耐心解答。
3. 暴躁型	性格比较急躁，表现为语调高、语速快，易发脾气。	用温和、热情的态度来创造轻松的气氛，不要计较对方强硬的态度，而应耐心地、合情合理地给予解释；即使对方大发雷霆，也不应以硬碰硬，而应婉言相劝、以柔克刚。
4. 自私型	私心重，斤斤计较，寸利必争。	不要挖苦讽刺，而应根据事实来说明产品的质量，用事实委婉地拒绝其无理的要求。
5. 多疑型	缺少购买经验，不了解产品，或有过吃亏上当的教训，因而习惯性地持怀疑态度。	诚恳地鼓励其说出心中的疑点，详细地进行介绍，以事实说话，多介绍其他顾客的购买和使用经验。
6. 沉稳型	老成持重，经验和知识丰富，处事三思而后行。	介绍产品时要做到周全稳重，语速可以慢一点，要注重逻辑性并留有余地，稳扎稳打。
7. 独尊型	自以为是、夸夸其谈。	心平气和地洗耳恭听，因势利导地做出委婉的更正与补充。

（续表）

类型	特征	导购员的应对技巧
8. 率直型	性情坦率、褒贬分明。	以退为进，避其锋芒，以柔克刚，设身处地地为之出谋献策，并权衡利弊，促其当机立断。
9. 犹豫型	患得患失、优柔寡断、举棋不定、不断反复。	捕捉其内心矛盾所在，有的放矢，抓住要害，晓之以理，态度坚决而自信，并帮助其决定，或促其下决心，最终达成交易。
10. 抱怨型	爱发牢骚、发泄不满。	要设身处地了解对方的问题所在，要有感同身受的情怀。
11. 武断型	独断专行。	尊重对方，让他自己决定。
12. 专家型	能力强，有主见。	多听，多夸奖。
13. 面子型	讲究面子，追求名声。	不要用言语伤害对方。
14. 理性型	深思熟虑、冷静稳健，不轻易被导购员说服，对不明之处详细追问。	说明企业的性质、独特优点和产品的质量，介绍的内容必须真实，以争取消费者理性的认同。
15. 感情型	易激动，易受外界刺激，能很快就做决定。	强调产品的特色与实惠，促其快速决定。
16. 借故拖延型	个性迟疑、推三阻四、借故拖延。	追寻消费者不能做决定的真正原因，并设法解决，免得受其"拖累"。
17. 沉默寡言型	出言谨慎、反应冷漠、外表严肃。	介绍产品后，还应以亲切、诚恳的态度笼络感情，了解其真正的需求，然后再对症下药。
18. 神经过敏型	总是往坏的地方想，任何事情都会产生"刺激"作用。	谨言慎行、多听少说、神态庄重、重点说服。

（续表）

类型	特征	导购员的应对技巧
19. 迷信型	缺乏自我主导意识，决定权在于"神意"或风水。	提醒其勿被封建迷信观念所迷惑，强调人的价值。
20. 喋喋不休型	因为过分小心，竟至喋喋不休，大事小事皆在顾虑之内，有时甚至离题甚远。	需取得其信任，加强其对产品的信心。离题甚远时，在适当时机将其拉回正题。从交订金到签约须"快刀斩乱麻"。

按购买能力分类

顾客买什么档次、品牌的家具，必须考虑到自己的收入，收入决定购买能力。根据顾客购买能力的强弱，我们可以把顾客分为三个类型，如表4-4所示。

表4-4 根据购买能力对顾客分类

分类	特点
高收入者	注重品牌，讲气派、身份、地位。
中等收入者	注重品牌、注重性价比。
低收入者	注重价格。

按动机分类

顾客到访后，导购员应识别该顾客属于何种类型，是属于同行，还是真正想购买家具的顾客，同时要掌握顾客的购买动机。如图4-2所示。

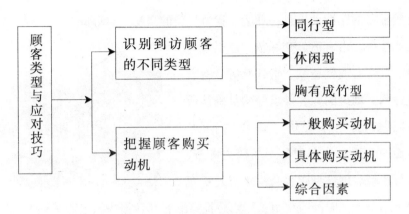

图 4-2 把握顾客购买动机

顾客的购买动机可分为一般购买动机、具体购买动机以及一些综合因素决定的动机，而一般购买动机是所有购买者的共性。一般购买动机中又包括本能性动机、心理性动机和社会性动机，如图 4-3 所示。

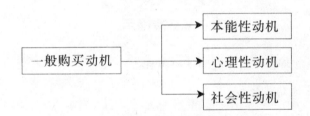

图 4-3 顾客一般购买动机分类

（1）本能性动机。

是指由人的生理本能需要所引起的购买动机。

（2）心理性动机。

心理性动机分为两种：理性动机、感性动机。理性动机是指人们的意识与思维一致，对商品的全部性能和价格进行全面考虑的合理型思维方式。感性动机是指人们的行为受潜意识支配，依靠某些感觉来做出购买行动的思维方式。理性动机和感性动机之间既有联系又有区别，且具有一定的可转化性。

一般来讲，人的行为受感情支配的比例要大于受理性支配的比例。

比较常见的感性动机有：舒适、省力、美的享受、自尊或自我满足、效仿或炫耀、占有欲、交际欲、恐惧或谨慎、好奇心或创造欲、责任感等。有着理性购买动机的顾客要求导购员确认所有问题，并要求提供"最合理"的、全面的介绍。他会到各产品前去考察，进行比较。理性型顾客会使销售过程变得更复杂，把时间拖得很长，而感性型顾客则会很快做出购买决定。因此，导购员要养成全面观察他人反应的习惯，切实了解顾客的购买动机，将顾客的理性动机转变为感性动机，掌握了这一点，销售行为才更具针对性。

★ 友情提示

理性型顾客一般具有如下的特征：

➡ 有过购买经验；

➡ 具有一定的家具方面的知识；

➡ 学识较高；

➡ 追求完美。

对于理性型顾客，导购员可以采用以下方法来应对：

➡ 假设法：以假设的方式来帮助顾客理性地判断和选择；

➡ 选择法：用选择的方式来过滤干扰顾客的信息，引导出顾客的购买重点；

➡ 比照法：与顾客一起进行家具的比较，帮助顾客得出放心的结论。

（3）社会性动机。

由人们所处的社会自然条件、经济条件和文化条件等因素而引起购买商品的动机被称为社会性动机。

上述三种购买动机都有着内在的相互联系。在消费者身上仅仅因为一种动机而购买家具的情况很少见。

★友情提示

顾客的购买动机在大多数情况下都是潜意识的，因此，导购员可以有意识地干扰和改变顾客的潜意识，帮助他建立新的购买动机。

➡ 引发共鸣的话题

抓住顾客的兴趣点，利用最容易引起顾客共鸣的话题来引起顾客的兴趣，如建议顾客如何购买家具。

➡ 启发和诱导

设法让顾客把想法表达出来，并引导到现实中加以分析和转变。

➡ 迎合顾客

只有让顾客感到所有的决定是他自己做出的，导购员的销售才更有效，所谓"买得称心，用得如意"，是需要导购员极高的语言技巧才能达到的。

➡ 巧妙建议

用顾客的语言来提出建议，适当使用专业术语，让顾客感觉你是专家，值得信赖。

➡ 适度恭维

美言一句三冬暖，恶语伤人六月寒。人人都喜欢赞美之词，因此适度地恭维顾客是获取顾客好感的重要技巧。

法宝二：顾客购买决策过程分析与销售控制

如图 4-4 所示，顾客购买决策过程一般分为 5 个阶段：认识需要、搜集信息、评估备选商品、购买决策以及购后行为。顾客可能跳过某些阶段而直接进入购买决策阶段，比如可以跳过信息收集和备选品牌评估阶段。

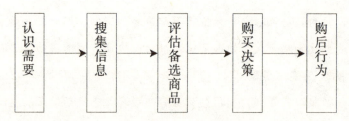

图 4-4　顾客购买决策过程中的 5 个阶段

▶ 认识需要

在大多数情况下，顾客对商品的需要是隐性的、不自觉的，因此，需要是受到内在或外在的刺激后所引发的。一个人的需要被激化后会形成欲望，当欲望上升到一定的高度就变为一种动力，这种动力促使顾客去寻找满足欲望和需要的东西。例如，你路过面包店，看到新出炉的面包就产生了饥饿感，就会产生对面包的需求，这就是内在需求被外在刺激所引发的过程。

导购员要研究的问题是，当你的产品与别的产品有同质化倾向的时候，你如何塑造新的刺激点，来刺激顾客产生新的需求。这一点对导购员来说是至关重要的。

▶ 信息搜集

顾客一旦产生需求和明确需求后，就会通过各种途径进行信息的搜集。信息搜集是否顺利，将会对顾客的购买决策有显著的影响。

（1）信息来源分类。

①内部信息。消费者过去所积累的资料，储存于记忆中，在需要的时候，通过回忆取得。

②外部信息。从家庭、组织、报纸、广告、书籍、刊物及朋友或导购员那里获得信息。

（2）购买者寻找资料所花时间的长短取决于以下几个因素。

①对商品的了解程度；

②对该商品需求的迫切性；

③如果选择错了所承担的风险和损失；

④该商品的价格；

⑤购买过程的成本，即在寻找过程中所要花费的时间、费用和精力。

顾客搜集信息的活动可分为两种类型：一是温和收集状态；二是主动收集状态。顾客收集信息的多少是由其购买产品驱动力的强度、原有的信息数量、得到额外信息的难易程度、对额外信息的评价和从收集信息中得到的满足感等因素决定的。

★友情提示

如何让销售资料发挥更大的作用

在销售家具的标准程序中，每位导购员都会毫不例外地将家具相关的资料交给顾客，以备他们进行详细的阅读和参考。

当某一顾客有购买需要时，通常是先到商场看家具，然后将搜集到的资料带回家去阅读。如果是这样的话，我们可以想象得到，顾客家里可能会有十多份不同品牌的家具资料。如果我们的资料与其他品牌的一样，都是原封不动地交到顾客的手里，没有在上面做出任何标记和提示，那么，顾客通过看资料来联想家具现场的可能性是很低的，也就是说，导购员没有通过"再加工"来提升这份资料的影响力和价值。

那么，导购员应该如何用好交给顾客的宣传资料呢？对此，我们总结了以下几点：

➡ 在销售过程中，导购员应该先自己拿着资料；

➡ 在向顾客介绍家具的过程中，导购员应尽可能地利用资料配合解说，并让顾客在现场把家具实景和资料介绍联系起来；

➡ 导购员在向顾客介绍家具的过程中，应随时在资料上做出各种标记和补充说明；

➡ 导购员应该在送给顾客的资料上，再次将自己的姓名和电话标记上，并告诉顾客："如果在选购过程中有什么问题可以随时致电给我，我会以专业的眼光帮您做出客观的评估……"

如果我们做到了以上四点，那么我们的影响力就会延伸到顾客做出购买决策的全过程，包括其在家中的讨论和思考。虽然这些举动并不意味着能够最终成交，但专业的销售精神就是要由自己做起，并做到最好。

➡ 评估备选产品

（1）什么叫"全集合"。

"全集合"就是指某类产品或某行业产品在市场上的所有品牌。

（2）什么叫"知觉集合"。

通常一个消费者不太可能知道家具的所有品牌，而仅知道一部分或主要的品牌，这就是"知觉集合"。

（3）什么叫"考虑集合"。

"考虑集合"是指消费者在其知道的品牌中，只会考虑某些特定的品牌。顾客评估被选产品的目的就是从"考虑集合"中识别"性价比"最优的产品。

顾客评估备选产品是在理性的基础上对产品进行判断。顾客一旦选定目标产品，评估过程也就结束了。导购员的工作就是要想方设法让自己的产品进入顾客的"考虑集合"中，进而成为顾客最后的选定目标。

购买决策

在评估备选产品阶段，顾客对某品牌所形成的偏好会影响其购买的意愿，并倾向于购买其喜欢的品牌。然而，在购买意愿与购买决策之间有两个因素会介入其中：

（1）他人的态度。

顾客与某人的关系愈密切，那么受其态度的影响就越大。因他喜欢这一产品，顾客也可能喜欢；因他不喜欢，顾客也可能不喜欢。

（2）非预期因素。

非预期因素在很大程度上影响着顾客的购买行为。顾客的购买意愿通常是建立在预期的家庭收入、预期价格、预期利益等因素上。非预期因素是不确定因素，是风险因素，而风险对于顾客修正、延迟或放弃某项购买决策起着关键性的影响。

购后行为

（1）顾客购买家具后，销售并没有就此结束，而是仍然要持续下去。顾客对产品满意与否将影响顾客以后的行动。满意的顾客会向其他人宣传该产品的好处。

(2) 当顾客购买产品及使用后，往往会比较"预期产品表现"与"实际产品表现"。如果产品实际的表现在某些方面未能达到预期的结果，或又发现新的缺点，那么就会产生负面性的认知和强烈的失落感。不满意的顾客可能会以退货的方式来降低失落感，因此，做好售后服务是降低顾客失落感的重要措施。

法宝三：顾客购买过程中的七个心理阶段

顾客的购买过程一般可以分为七个心理阶段：引起注意、产生兴趣、利益联想、希望拥有、进行比较、最后确认、决定购买。

引起注意

引起注意是利用技巧，以产品的某些突出的卖点来吸引顾客的关注。导购员通常会使用发问的方式来达到某些目的。如，导购员问："先生，您知道这种款式设计最特别之处在哪儿吗？"如果顾客不知道，而又急于知道答案的话，导购员就要抓住这个大好时机，引导顾客的注意力凝聚在家具的卖点上。

产生兴趣

顾客会对产品感兴趣，是因为跟他的利益有关系。因此，导购员表面上是在销售产品，其实是要透过产品让顾客关注到实实在在的好处。比如，一张好的床垫，能够抓住顾客的内心、锁定他的兴趣的，一定不是弹簧、面料等，而是能给他带来高质量的睡眠和舒适度等。

利益联想

利益联想就是帮助顾客去理解产品的价值。利益联想越丰富，家具的价值越高，顾客做出购买决策就越快、越坚决。比如，一套"四区一体"的儿童家具，实用又美观，还可以培养孩子的良好生活习惯和自我管理的能力，从小就塑造孩子的自我管理素质。通过这样的立意联想，顾客就会感到这套儿童家具很超值。相反，如果他对产品利益的理解单一，他就会觉得不需要花那么多钱，而会选择一些功能简单、实用的家具。

▶▶ 希望拥有

顾客对产品的利益联想越丰富、越逼真，就越容易被激发出"希望拥有"的欲望。比如，当顾客听到"四区一体"的套装儿童家具的好处后，他自然就会想："如果我的孩子能用上这样的家具就好啦。"

▶▶ 进行比较

虽然顾客看到了满意的家具，但理性的决策心理还是会让他冷静下来，他会将所有自己满意的家具做一个综合的比较和评估："谁才是最好的？"当然，专业的导购员需要有专业的觉察能力，在关键的时候，能够去引导和影响顾客的购买决策。

▶▶ 最后确认

顾客通过比较众多的家具，最后确认自己的最优选择。

▶▶ 决定购买

与导购员达成交易。

顾客在购买过程中，所表现出的七个心理阶段，我可以用亲身经历的一件事情作为最好的注解。

很久以前就听说杭州有口老龙井。我常饮龙井茶，对了解这口老龙井的兴趣就好像茶壶内的茶渍一般日积月累,越来越浓厚。

1998年春,我有机会来到杭州,自然就要到龙井所在地看一看。

这天游过灵隐禅寺出来,有位先生过来,微笑着向我们点头说:"先生,我开的是房车,你们有什么地方还未游览,我带你们去,7元一个景点。"

我看这先生态度不错,言语也很有礼貌,7元一个景点也实惠,就问道:"去龙井要多长时间?"

"不远,只需十多分钟车程,我带你们去,看看真正的龙井,在那里能买到天下最好的龙井茶。"这句话很简单,但却使我立刻产生了极大的兴趣。

这位司机驾车载我们穿越丛山,来到山里的一个小村庄。我们下车后,司机就指着路边的一口井说:"这就是真正的'龙井'了。"

看到这口真"龙井",我心情极为兴奋,马上跑了过去。刚好井边有位妇女在提水,我向她借来水桶,也从井里提了桶真正的泉水。我问她:"可以喝吗?"那妇女说:"村里人不喝,只用来洗东西。"

我一听,怕不卫生,就用来洗脸,并让人帮我拍照作留念。洗完脸,拍完照,那妇女见我兴致高,开口就说:"先生,这地方是龙的头,这口井是龙的嘴,您知道龙的尾巴在哪里吗?"我说:"不知道。"于是她接着说:"龙的尾巴在东海,这口老龙井是我们西湖三大名泉之一。"

简单的几句话,引起了我对她的注意。当时我心里想:"你把故事讲得也太大了。"没等我多想,她又接着说:"先生请您看看这井边,这是乾隆皇帝写的诗,在'文化大革命'中被那些红卫兵磨成这样。"

我仔细地看,确实是刻有许多书写非常工整的小字,但大多数已经难以辨认了。这口龙井正对着大路的一边,刻着三个大字:老龙井。

我沉迷于这口老井的古朴之中,它就像一个饱经风霜的老人,脸上留下了一条条深邃的皱纹和一处处岁月的疤痕,正在用无声的话语诉说着过去的故事……

妇女继续说:"先生,你们远道而来,我想请你们到我家坐一坐。"

我马上问:"您家在哪里?"她用手指着路对面的小楼房说:"那就是我家。我拿最好的茶来招待你们,就是当年乾隆皇帝喝的茶,过去叫贡茶,是专门给朝廷的茶。"接着又说;"我家美国总统来过,英国女皇来过,江泽民主席也来过……"

这几句话马上引起我们极大的兴趣,就不由自主地起身跟着她走了……

原来她家就在"老龙井"的对面,中间只隔着一条马路,从外面看去,她的家确实比别人家要好,一座二层楼的"小洋楼",家门正对着这口举世闻名的千年古井,龙泉和龙气首先荫及这户人家。大概在我国的风水学里,这就是吉祥之地,福地。

我们走进了这户人家,这位妇女首先向我们介绍挂在入门的大厅中央的江泽民与外国元首的照片,然后她就热情地引我们进入一间房子里。房子不大,大概有10平方米左右,中间放着一张木台,木台的正上方挂着一幅横匾,上面写的是"龙井问茶"。她招呼我们坐下,然后忙着拿杯子、备开水,拿出了三袋茶叶,放在木台的中央。我问她"龙井问茶"是什么意思。她说:"龙井问茶就是说边喝龙井茶边问。"我一听恍然大悟,顿觉这四字其妙无穷,它提醒了我,多少年来,对龙井茶的种种传说以及识茶、品茶方面的知识的渴求,现在不就可以向眼前这位"龙井博士"——请教了吗。

于是问道:"老龙井上乾隆皇帝题字的来由是什么?"

她说:"饮龙井茶最让人称奇的是,你饮后三个小时还能品味到它的神奇之处。当年乾隆皇帝下江南到杭州的灵隐寺,路经此地,就在这口龙井旁边的树下休息。有位老婆婆给他泡了龙井茶喝,三小时后,乾隆皇帝到了灵隐寺上香还感觉口舌甘甜,其妙无穷,马上追问身边大臣,是否还记得在山上什么地方喝过茶?大臣说记得。乾隆就下令回程一定要再到那山上问清楚茶名。再回来找到那位老婆婆,才知道喝过的茶叫龙井茶,并知道是用这口井的泉水泡成的。从此,龙井茶就被朝廷列为贡茶,而闻名于世。"

听到这里，我又问："在龙井茶中怎样区分茶的优劣呢？"

这位妇女微笑着说："你们看看，这里有三个级别的茶。"她指着其中一包茶叶说："这就是龙井茶中的极品，刚才说的贡茶就是指这个，现在叫中央礼品茶。"接着，她又进一步教我们怎样辨别龙井茶的优劣："你们看看，好茶是色泽鲜明、青翠，次之就明显灰暗或发黑。你们再闻一闻三种茶，三种不同的味道，极品是清香扑鼻。"

我们每人都逐一去闻，的确闻到极品龙井的香味，就好像有一种要你向它低头的魅力。她将三种不同品级的龙井放进三个透明的玻璃杯中，说："泡茶是一种享受，龙井茶可以用四个字来形容：即色、香、味、形。茶未泡入水中有它的色、香、味、形；茶泡入水中，又是另一种色、香、味、形的展现。"她又说："泡龙井茶很有观赏乐趣，为了看到龙井茶形状的展现，颜色的通透青绿，最好是用透明的杯子，而不要用紫砂壶。"

这时她将少许开水倒入三个杯子中，这是第一道工序，即洗茶。洗完茶就将三个杯都倒满开水，她又让我们去闻一闻三杯茶水的味道。结果，我们都说极品最清香。她又让我们观赏这三杯茶的茶色和茶叶形状。我们低下头，从杯侧去看，用肉眼也很容易看出极品的颜色是最清澈亮丽，形状也是最完整漂亮的。

这时，她说："龙井中的极品叫做狮峰龙井，我们乡里人叫它黄金茶，有两层含义：一是我们看到它的确像黄金一样发出金光，光泽高贵；二是它的价值如黄金。我们总共有 680 亩山茶，每亩一年就只产一斤半茶叶，每年上交中央是 340 斤。"

茶水慢慢凉了些，她让我们分别去品尝三种不同级别的茶味。我们品尝过三种茶后，都由衷地说："这极品的确其味非凡。"当我饮上第一口真正的龙井极品时，我才真正了结了十几年来我对龙井追求的心愿。我实在没有想到，能在龙井故乡狮峰山上，品尝到龙井茶之极品——狮峰龙井茶，并享受到"龙井问茶"的无穷乐趣。

我越来越佩服眼前这位茶农，她对几位萍水相逢、在井边结缘的匆匆过客,服务是如此周到。

在品茶过程中,我们有说有笑,又拍照留念。在谈话间,我又问:"你们采茶辛苦吗?"她回答说:"我们现在是从外省雇工来干活,现在杭州人都富起来了,没有人愿意干这种农活。我们一般去安徽雇些农村的女孩子来做,每天包吃包住,再付她们12元一天的薪金,每年清明前抢收这种极品茶。由于是采幼苗,一天最多只能采到二、三两。今年又遇上了百年不遇的大雪、冰雹,我们村里有位80岁的老太太说一辈子都没有遇见过这么大的雪。因此茶叶失收了,我们村大概损失了30多万元。我们茶农是靠山吃山,同时还要看天吃饭。"

我仔细观察这位妇女,发现她态度很乐观,眼睛慈祥而且很有神采,我便问她:"喝龙井对身体好吗?"她马上说:"龙井茶对身体非常好,可以去火气、清肝明目、防病强身。"我说:"您的身体很好啊!"她说:"我们生活简单,每天都喝茶。"

到这时,我心里是想着要买些极品龙井,但又想跟她谈谈价格。出于职业的习惯,我想先打听一下极品茶的批发价,于是我问她是怎样去推销这极品龙井茶的。想不到,她第一句话就说:"这极品茶我们是不卖的。"我一听,就像一头碰到钉子上,心想哪有不卖的茶?于是我继续追问:"为什么不卖?"她说:"极品龙井茶不多,一般我们都不卖。我们的狮峰龙井很出名,都是行家才上山来买。杭州人要托别人办大事情,就会专程上山来买这极品龙井送人,他们视为极贵重的礼物。所以,每年我们根本不愁卖不出去。今年一场风雪使茶叶失收,因此,如果我现在不卖,这茶留到年底又会升值了。"

听到这里,我又追问道:"这狮峰龙井极品现在是多少钱一斤?"她说:"现在价格1200元一斤,到年底就会涨价。"

结果,我被这位茶农彻底征服了。我没有跟她讲价,而是给了她600元,求她无论如何都给一点"中央礼品茶"让我带回家,请亲朋好友品尝。而她收钱以后,也就随便抓了两把茶叶,用茶罐装好给我,就算成交了。

对于以上的故事，我总结了一下，有如下几个方面值得我们家具导购员学习：

第一，那位茶农掌握了我们的购买心理。

（1）巧妙引起我们的注意，她问"您知道龙的尾巴在哪里吗？""龙的尾巴在东海……"这个问题和回答让我们感到很新鲜，并激发起我们继续了解龙井茶的兴趣。

（2）邀请我们到她家里品尝龙井茶，巧妙地运用了自己的背景资源："您知道我家谁来过吗？""我家美国总统来过，英国女皇来过，江泽民主席也来过……"我们听到这些，不由自主地就想去她家看看，以了解她家到底有什么吸引人的地方。

（3）利益联想与技巧运用，她除了说茶对人的健康有好处之外，还讲述了乾隆皇帝的品茶故事，自然而然地就突出了茶的珍贵性，让我们觉得如果能喝上这种茶，就是一种身份和地位的象征……

（4）运用比较技巧和小狗交易法，通过让我们同时品尝三种不同等级的龙井茶，让我们自己确认："哪种茶叶是最好的"？"我要买什么"？

第二，在销售的过程中，她一直都是运用软拉销的手法，通过与我们分享故事，让我们品尝龙井茶，来引起我们的购买欲望，而不是运用硬推销的方式来说服我们购买。

第三，在销售的过程中，她向我们讲述了有关茶叶方面的知识，这也是我们一直想了解的。这在销售上叫做"顾客成长知识"。卖家具也是如此，我们也可以与顾客分享相关的知识，让顾客了解和学到一些新的东西，同时，可以凸显我们的专业素养，拉近与顾客的情感距离。

第四，巧妙地运用了右脑销售法，直接驱动了我们的购买行为。

一位没有受过专业训练的茶农把销售做得这么棒，我们作为一名专业的导购员，难道不应该做得更好些吗？

法宝四：顾客购买的心理支点——比较法则

在介绍"比较法则"之前，让我们先来分享一个故事，这对我们理解"比较法则"很有帮助。

有个女孩，父母供她到国外留学，并对她有着很高的期望，但正因此给她造成了极大的心理负担。有一次，这个女孩考试有三科不及格，她不知该如何向父母交代，她也不想因此令父母不开心和失望。

有一天，父母接到了女孩的来信，上面写着："亲爱的爸爸妈妈，你们好！首先请你们在看这封信时千万不要激动。最近我这里发生了一件事，我住的宿舍起火了，在火灾中我被烧伤了。在这万分危急的关头，我被逼选择跳楼逃生，却造成了身体的多处骨折。幸好当时我被学校宿舍旁边的修理厂的一位小工发现了，他将我及时送到了医院。经过一段时间的治疗，我逐步康复了，但钱也用光了，学校的宿舍还没修好，所以我被迫住到了那位'救命恩人'——修理厂小工的工厂的仓库里。经历了这么多事，我与这位小工建立了深厚的感情，虽然他一无所有，小学未毕业，人也长得不怎么样，但……"

父母看到这里，心里焦虑万分，他们心里想："我们的女儿怎么也不可能嫁给一个没钱、没文化的粗人啊？"不禁沮丧万分、几乎崩溃，只好硬撑着继续往下看信。

"亲爱的爸爸妈妈，对不起，让你们受惊了，其实以上说的都不是事实，我想跟你们说的是，我最近考试有三科不及格，希望你们能原谅我。"

看完这段文字，父母的情绪马上从沮丧的深渊返回狂喜的天堂。他们情不自禁地脱口而出："没问题，十科不及格爸爸妈妈都会原谅你，最重要的是上面的内容都不是事实。"

为什么这对父母看到女儿考试三科不及格却欣喜若狂呢？因为这个

聪明的女儿在父母面前使用了"对比法则"的技巧，成功转化了父母的心态。

"对比法则"使用得当，在销售上同样会发挥出神奇的魅力。那究竟"对比法则"背后的原理是什么呢？为什么它能如此任意地操纵人们的意识和选择？其实道理很简单，首先，从人们行为动机的角度来看，支配人类行为的动机可以简单地归结为两种：第一是逃离痛苦；第二是追求快乐。人们要购买新家具，首先是因为在旧家具、旧环境中生活得不满意，因此产生想改变现状的动机；同时产生了另一股牵引的动力，通过购买新家具和布置崭新的家居环境，来寻找和建设自己梦想中的快乐家园。另外，从落差效应的角度讲，如果人们对以前所拥有的东西不满的情绪越强烈，那么对向往的东西也就越喜欢，在心理上形成的落差就越大，所创造出的动力就越大，当然对促成交易就越有帮助了。

我把"比较法则"叫做"痛苦、快乐、成交三步曲"，如图4-5所示。

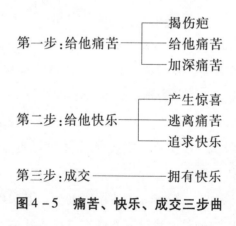

图4-5 痛苦、快乐、成交三步曲

案例

步骤	销售过程中的具体表现
揭伤疤	导购员："太太,您一定是对自己以前的家具不太满意,才急于更换新家具的,对吗?" 顾客："是啊!我之前买的家具都不合环保标准,我怕影响家人的健康,所以打算把它换掉。"
给他痛苦	导购员："是啊!不符合环保标准的家具所释放的化学毒素,对人的生活和健康都会造成严重威胁,您和您的家人长期生活在这种环境中,说不准还会引发某些疾病……" 顾客："我的家人都有呼吸道疾病……"
加深痛苦	导购员："讲起化学毒素的污染,我还是要提醒您,由化学污染所引发的癌症特别多,万一家人得了什么病,多不值得啊!您说是吗?" 顾客："是啊!所以我才下决心换掉它……"
给他快乐	导购员："今天您来到我们门店,算是找对了地方,我来给您介绍一下,我们的产品都是由合格的环保材料做成的,这对您全家人的健康和孩子的成长是有力的保障!"
成交	导购员:"今天您只要下了订金,明天就一定可以送货……"

法宝五:如何营造冲动性购买氛围

根据从众心理特点,在一种你买、他买、人人买的气氛下,人很容易被这种气氛所影响,并被动跟随。

因此,如何营造这种能使顾客产生冲动性购买行为的气氛呢?我们不可能设想，在自己的目标顾客的身边，随时都会有几位可以为你营造购买气氛的表演者。这是不现实的。因此，在销售的技巧上，需要导购员运用较强的表达能力、合适的表达方式和相关的素材来唱独角戏。"你真有眼光，这套家具是我们卖得最好的一款，××小区大部分的业主都是买的这套，所以经常断货。如果您要买的话，建议您赶快付订金，因为我们的存货不多了……"

这样，顾客听了，有可能会被你营造的抢购的气氛所打动，如果他真的喜欢这款家具，成交的可能性就很大。

技巧一：从众心理

导购员："你看，已经有那么多的顾客用过××家具都说好，请您放心，选择××家具一定不会错。"

技巧二：与众不同

导购员："先生，我相信一般档次的产品是不能满足您的品位和要求的，但××的产品一定可以令您的生活提升到更高的层次上。"

法宝六：购买动机与购买行为分析

消费需要与需求

需要和需求是两个不同的概念。需要一般指人们最基本的要求，比如人饿了要吃东西，口渴了要喝水，这就是需要，也是必不可少的。而需求则是在需要的基础上，人们做出的一种具体选择。比如，饿了，是吃米饭还是吃面条或其他的东西？口渴了，是喝开水还是果汁等。

在顾客购买家具时，我们主要面对的是顾客的需求，这种需求往往表现为购买的选择或意向。

一般来说，我们可以把需求简单地分为具体的和心理的两种，如图4－6所示。具体的需求指顾客对产品使用功能的需求，比如，椅子能坐，床可以睡觉，这是使用功能的需求。心理需求主要指顾客对家具使用功能之外的需求。比如，是不是名牌，款式是否迎合自己的个性、品位，使用起来的感觉如何等，这都是心理的因素。

产品的多样化发展、人们生活水平和文化水准的提高，推动了家具产品的功能及文化内涵的提升。因此，作为一名专业的家具导购员，我们不但要了解产品，更要了解顾客对家具日益提高的标准。只有掌握好这些基本知识，我们才能更好地引导顾客购买我们的产品。

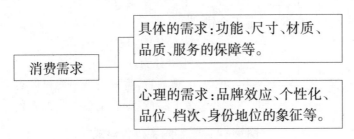

图4－6　顾客消费需求的分类

▶ 购买动机

动机是因需要还未得到满足而产生的一种内在的紧张心理状态，是推动人们身体活力的内在动力，是人们行为的导向。正是因为这种未得到满足而希望尽快满足的心理动机，推动着顾客四处奔走选购，这正为我们提供了销售机会。

▶ 购买行为模式

顾客是因为需要才会产生购买动机的，接着才会产生购买行为，通过购买来达到满足需要的目的。但购买不代表满意,因此,顾客购买产品后还有一个评估的阶段,通过评估而产生满足或不满意,从而影响顾客下一次的购买取舍。这个连带的过程构成了顾客的购买行为模式,如图4-7所示。

了解了这个模式,并知道如何从中把握关键的环节,这对导购员是至关重要的。

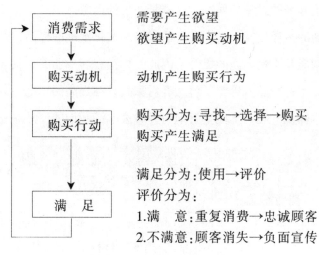

图4-7 顾客购买行为模式

作者建议

"得人心者得天下",这句治世警言放在销售上,也一样恰到好处。

天下者,市场也。人心者,顾客也。如果导购员在销售过程中能更注重去观察、理解和揣摩顾客的购买心理,并能细心地加以引导和掌控,那么销售就会起到事半功倍的效果。

因此,顾客购买心理的分析和掌控永远是导购员的一门必修课,必须认真学习与修炼。

《顶尖导购这样做》

顾客难缠？只因为我们做的不够！
30个顶尖导购手把手教你终端销售绝招

热情、会说话的导购为什么还遭到顾客冷漠以对？要想成为顶尖导购，不能光会说，还必须会做。导购只有做对了，才能消除阻碍成交的潜在因素，不仅能轻松落下成交的一锤，还能把难缠的顾客变成朋友，让投诉的顾客满意而归，让新顾客成为忠实的老顾客。

本书是顶尖导购的实战档案，值得所有导购反复翻阅并潜心修炼。

作者：王同　定价：29.80元　ISBN：978-7-301-18367-0

《导购这样说才对》

门店销售人员的枕边书、必备书！
有效解决终端销售最头痛的50个难题

本书提供的方法易学、易查、易用，能让导购和门店销售业绩突飞猛进！

著名终端销售实战讲师王建四先生，以其深厚的理论功底结合多年调研、培训的实战经验，通过总结导购在日常销售过程中最常遇到的头痛问题，分析导购容易犯的各种错误，告诉导购如何调动顾客情绪，如何赢取顾客的信任，如何为购买施加压力，如何化解危机……

作者：王建四　定价：29.80元　ISBN：978-7-301-14072-7

《谁懂客户，谁拿订单》

学会性格分析
等于拿到开启成交之门的金钥匙

人的性格分为四种：力量型、活泼型、完美型、和平型。不同性格的人有各自的特点，了解这些，你就能掌握一套独特的"读心术"。

通过性格测试，判定自己的性格，明确自己从事销售工作的适合度；仔细观察客户的穿衣打扮、行为举止、谈吐爱好、随身物件等细节，准确判断出不同性格的客户；针对不同性格的客户采用相对应的沟通技巧，以最快速度俘获客户"芳心"，提高拿到订单的成功率，成为真正的王牌销售员！

作者：曹恒山　定价：28.00元　ISBN：978-7-301-15409-0

更多好书，尽在掌握

大宗购买、咨询各地图书销售点等事宜，请拨打销售服务热线：010-82894445

媒体合作、电子出版、咨询作者培训等事宜，请拨打市场服务热线：010-82893505

推荐稿件、投稿，请拨打策划服务热线：010-82893507，82894830

欲了解新书信息，第一时间参与图书评论，请登录网站：www.21tbcbooks.com.cn